210 | DER ZERRISSENE

214 | AARS!

220 | TEN OORLOG

222 | SCHLACHTEN!

228 | DIMITER GOTSCHEFF
WARME LÖCHER

228 | LUK PERCEVAL
ZERSTÖRUNG DER ILLUSION

230 | WOLFRAM KOCH
GORILLAS IM NEBEL

231 | THOMAS THIEME
BRACK ARBEITET

231 | ALMUT ZILCHER
SCHAUMGEBOREN

232 | SAMUEL FINZI
KATRIN LACHT

233 | KLAUS ZEHELEIN
BANAL, ABER ...

234 | ROBIN DETJE
DAS UNIVERSUM IST
EIN ATOM IM DAUMENNAGEL
EINES RIESEN

237 | KARL-ERNST HERRMANN

238 | DIMITER GOTSCHEFF
WARM HOLES

238 | LUK PERCEVAL
DESTRUCTION OF ILLUSION

240 | WOLFRAM KOCH
GORILLAS IN THE MIST

240 | THOMAS THIEME
BRACK AT WORK

241 | ALMUT ZILCHER
RISEN FROM THE FOAM

241 | SAMUEL FINZI
KATRIN LAUGHS

242 | KLAUS ZEHELEIN
BANAL, YET ...

243 | ROBIN DETJE
THE UNIVERSE IS AN ATOM
IN THE THUMBNAIL
OF A GIANT

246/247 | KATRIN BRACK
VITA

248 | WERKVERZEICHNIS /
LIST OF WORKS

KATRIN BRACK | BÜHNENBILD / STAGES THEATER DER ZEIT || HERAUSGEGEBEN VON / EDITED BY ANJA NIODUSCHEWSKI | 2010 BY THEATER DER ZEIT | IM PODEWIL | KLOSTERSTRASSE 68 | 10179 BERLIN | GERMANY | VERLAGSLEITER / PUBLISHER: HARALD MÜLLER | WWW.THEATERDERZEIT.DE | LEKTORAT / EDITORIAL OFFICE: NICOLE GRONEMEYER | ÜBERSETZUNG / TRANSLATION: LUCY RENNER JONES | GESTALTUNG / DESIGN: SIBYLL WAHRIG | UMSCHLAG / COVER: FATIH AYDOGDU | DRUCK / PRODUCTION: DRUCKHAUS KÖTHEN GMBH | PRINTED IN GERMANY | ISBN 978-3-940737-55-7

5 | ANJA NIODUSCHEWSKI
RAUMZEIT

11 | STEFANIE CARP
WELTEN JENSEITS DER GESCHICHTE

14 | ANJA NIODUSCHEWSKI
SPACE-TIME CONTINUUM

20 | STEFANIE CARP
WORLDS BEYOND HISTORY

24 | KRANKENZIMMER NR. 6

30 | BÜCHNER/LEIPZIG/REVOLTE

36 | DER FALL ESRA

44 | ANATOL

50 | LEONCE UND LENA

56 | UBUKOENIG

64 | MOLIERE

74 | DER SELBSTMÖRDER

80 | PRINZ FRIEDRICH VON HOMBURG

88 | DOOD VAN EEN HANDELSREIZIGER

90 | TOD EINES HANDLUNGSREISENDEN

96 | DER TARTUFFE

104 | DAS GROSSE FRESSEN

114 | IPHIGENIE AUF TAURIS

118 | LULU LIVE

124 | IWANOW

134 | DIE FRAU VON FRÜHER

140 | SALOME

146 | KAMPF DES NEGERS UND DER HUNDE

156 | DIE SUNSHINE BOYS

162 | OTHELLO

166 | EIN GESPRÄCH MIT KATRIN BRACK

174 | A CONVERSATION WITH KATRIN BRACK

182 | MASSACRE

188 | L'ORFEO

194 | L. KING OF PAIN

200 | DER LEUTNANT VON INISHMORE

206 | TRAUM IM HERBST

ANJA NIODUSCHEWSKI
RAUMZEIT

Es gibt viele Auffassungen von einer vierten Dimension. Und genauso viele mathematische, halluzinatorische oder endogene Welt-Raum-Entwürfe, mit denen man jenes unvorstellbare Amalgam aus Raum und Zeit vorstellbar oder sogar erlebbar machen möchte. Aber niemand denkt in diesem Zusammenhang an das Theater mit seinen wackeligen Kulissen und seinem Als-ob-Budenzauber. Und doch: Ein Theater der Zeit, der Raumzeit, gerade das ist es, was die atmosphärischen Bühnenräume von Katrin Brack sinnlich wie metaphysisch erfahrbar machen – und dabei immer das Unerklärliche unerklärlich (be)lassen.

THEATER DER ZEIT

Katrin Bracks Bühnenräume sind Zeitskulpturen. Sie zündet eine Idee und gibt uns Zeit, die Bedingungen eines sich assoziativ materialisierenden Zustands von Welt zu betrachten. Wir betreten den Zuschauerraum und blicken auf einen flirrend bunten Konfetti-Regen, der die gesamte Inszenierung von „Kampf des Negers und der Hunde" über aus dem Bühnenhimmel fällt. Nach einer Weile sehen wir einen Insektenschwarm, flirrende Luft über der sengenden Erde Afrikas, einen Heuschreckenschwarm. Wir blicken in das Treiben, lassen uns treiben, tauchen ein. Unser Blick verliert sich, verliert sich später auch im Schneetreiben von „MOLIERE". Da sehen wir Thomas Thieme als Molière, der in diesem permanenten und beschaulichen Schneetreiben außer sich gerät: Exaltation. Nach vier Stunden ist sein schweißnasser Körper paniert von Plastikschnee, ein gerupfter Mensch, der seinen weißen Tod erfährt. Und so wie sich die winzigen Folienteilchen in Thiemes Körperfalten legen, so rinnt den Schauspielern in Armin Petras' „Prinz Friedrich von Homburg" der Regen in Rinnsalen über die Gesichter, in ihre sprechenden Münder. – Muss man erwähnen, dass es ein Dauerregen ist? Er macht den Staub von Brandenburg vergessen und behauptet ganz uncharmant, dass auf dem Feld der Ehre meist schlechtes Wetter herrscht. – Es ist ein typischer Brack-Raum, der seine materiellen Bedingungen ventiliert und dabei in einen Zustand gerät, der assoziativ über sich hinausweist. Ein Brack-Raum dauert, bildet Zeit ab, schenkt dem Betrachter Zeit, Kontemplation, die man sonst nur erfährt, wenn man am Fluss sitzt, am Meer, am Feuer. Wenn man ins Feuer starrt? Diese Bühnenbildnerin dehnt den Zeit-Raum und bringt gleichzeitig das Ephemere einer abendlichen Live-Aufführung im Theater auf den Punkt: Sie zeigt uns die Flüchtigkeit des Moments, indem sie ihn dauern lässt – als die Slowmotion eines Augenblicks, vielleicht die Erinnerung eines Augenblicks, der als Bild hängen blieb. Ein Bild – das ist es, was Katrin Brack reicht: vielleicht ein Bild in Bewegung, prozessual, aber im Verlauf sehr oft ein Möbiusband ohne Anfang noch Ende, ein „stehendes" Bild.

EIN STÜCK, EIN RAUM, EIN BILD, EIN MATERIAL, EIN ZUSTAND

Was dieses Bild zeigt, wäre eine zu vordergründige Frage. Zunächst ist es eine ganz unaufgeregte Art von Leere, die diese Bühnenbildnerin in all ihren Räumen rigoros sichtbar, emotional erfahrbar machen will – egal, wie ausgefüllt diese Räume manchmal anmuten. Ob der Bühnenraum ein dichter, dreidimensionaler Wald-Vorhang aus glitzernden Girlanden ist, wie in „Anatol" oder „BÜCHNER/LEIPZIG/ REVOLTE", in dem die Figuren auftauchen und verschwinden; ob sich auf der leeren Bühne nur eine Nebelbank bildet und auflöst wie in „Iwanow"; wenn bei ihr Regen, Konfetti-Regen, Schnee und Luftballons das ganze Volumen der Theaterarchitektur füllen – die Leere ist immer anwesend, wenn auch oft nicht greifbar, wie das Wetter. Sie ist da: durch die stets spürbare Anwesenheit der abwesenden Dinge. Denn es ist neben jenem kontemplativen Atem des Zeit-Raums vor allem Bracks Reduktion auf oft nur ein, oft ein sehr einfaches Material (Papier), auf einen Gegenstand (Girlande) auf fast leerer Bühne, es ist die sichtbar einfache Struktur und Form, in die Katrin Brack diese Dinge bringt, was die künstlerischen Setzungen ihrer Räume so monumental macht und uns gleichzeitig spüren lässt, wie viel sie doch weggelassen hat.

Es beginnt mit dem Vokabular, mit dem jeder Kritiker diese Bühnenbildnerin zu charakterisieren versucht: die Minimalistin, die Meteorologin, die Architektin und Landschaftsdesignerin, die Atmosphärikerin, Puristin, und so weiter ... Mit diesen Begriffen wird immer gleich auch die sichtbare und gefühlte perspektivische Ausbreitung des Materials ins Unendliche, ins Ungreifbare, Universale beschrieben: Ein Konfetti-Schnipsel ist ein Konfetti-Schnipsel. Aber Katrin Brack entreißt ihn seiner Banalität und überführt ihn en masse und en suite in einen irrealen Zustand, in afrikanische Lufthoheit, in Luft.

Erinnert man sich wiederum an ihr anderes Konfetti-Bühnenbild, an den „Tartuffe", so sieht man, wie sie denselben papierenen Gegenstand Konfetti in eine andere zeitliche Dramaturgie und Erzählung bringt: Da ist erst nichts. Ein schwarzer Bühnenraum. Dann lässt sie ein fünfminütiges Konfetti- und Luftschlangen-Feuerwerk über den Akteuren niedergehen. Und dann? Dann gibt es nur noch das Rascheln in den Resten der Party. Die Schauspieler waten durch den kunterbunten Papier-Müll und schleifen Muster, gestalten mit ihren Füßen den Boden. Die Leere entsteht hier durch eine Anti-Klimax der Effekte und gähnt als Material-Loch nach der explosiven Überfülle.

LEER, LICHT, ERLEUCHTET

In letzter Konsequenz sind Bracks Räume Luft. Und weil diese so unsichtbar ist, versetzt sie sie mit Partikeln, trübt sie ein, füllt sie in Ballons und Schaumblasen, bringt sie in Bewegung und macht uns mit ihren thermischen Gesetzen vertraut. Doch sie lässt die Luft auch Luft sein – die uns ihre Gesetze verschweigt: als reale Leere pro Quadratmeter. Etymologisch leitet sich der Raum von räumen ab, ursprünglich die Rodung einer Lichtung im Wald zur Gewinnung von neuem Lebensraum. Und das Leerräumen ist eines der Grundbedürfnisse von Katrin Brack, dem sie bis zur Schmerzgrenze nachgeht, bis zum Flirt mit dem Nichts, bis schließlich in „Krankenzimmer Nr. 6" die Bühne nur noch von Licht ausgefüllt wird ... Die Lichtung im Wald ist erreicht – und doch voller Beleuchtungsapparatur.

Ähnlich wie bei der Luft führt der Weg zum Licht über die Brechung am Material. Es streut sich in der bauschigen Oberfläche von Glitzergirlanden, verknotet sich im „Fall Esra" in 612 Glühbirnen auf leerer Bühne, blendet als Scheinwerferwand in „Macbeth" oder „Schlachten!". Erleuchtete, lichte, leere Welten. Ihr prämiertes Bühnenbild für Dimiter Gotscheffs „Iwanow"-Inszenierung bestand nur aus Kunstnebel – auf leerer Bühne. Für den ebenfalls von Gotscheff inszenierten „Selbstmörder" hat sie eine Seilschaft von Schaukeln in den leeren Bühnenraum herabgelassen, für „Ubukoenig" einen Luftraum aus schwebenden, trudelnden, müde kullernden Ballons geschaffen. Und selbst dort, wo bei Brack etwas ist, das wie eine Bühne aussieht, ist es so reduziert wie möglich. Verglichen mit dem, was eine zwölfstündige Aufführung mehrerer Shakespeare-Dramen an Schauplätzen einfordert, bereitete Katrin Brack der Inszenierung von Luk Percevals „Schlachten!" ein sehr spartanisches Lager: drei variable Podeste, die im Verlauf eines Abends nur neu arrangiert wurden. Die Blutspur der Dramen zog sich über das politische Parkett eines Jahrhunderts. Solch reduzierte Architekturen, bisweilen zur reinen Geometrie skelettiert, finden sich nicht selten bei ihren früheren Arbeiten. Bei „Traum im Herbst" stand ein riesiger, undefinierbarer Zylinder auf einem Steinkieselbett: und leise knirschten die Schritte in der typischen Stille eines Jon-Fosse-Dramas. Die Bühne für Luk Percevals Orestie-Verschnitt „Aars!" bestand nur aus einer kreisrunden Wasserfläche, die durch einen Lichtkranz darüber ergänzt wurde: Agamemnons Pool. Alle standen schon knöcheltief im verhängnisvollen Wasser. Gewalt, Sex und Macht spritzten auf. Die Welt war eine Scheibe, mit dem Radius kleinbürgerlicher Enge. Bestechend einfach wie komplex gedacht war auch die spröde Holzbox, in die sie „Die Frau von früher" steckte. Brack verlegte das Familien-Wohnungs-Drama in den Flur, der aber schon in einer Transportbox zum Umzug nach Amerika bereit stand.

Auch das scheinbar Naturalistische, unverändert Gegenständliche und Konkrete, das sie auf ihre Bühnen stellt, wird von ihr radikal vereinzelt und ausgestellt. Die gigantische Eiche in Luk Percevals „L. King of Pain" stand als entwurzelter Stammbaum der Familie Lear auf einer Palette inmitten des Raums. Die Schatten der Äste maserten wie dunkles Wurzelwerk den leeren Bühnenboden; die Menschen konnten nur um den Baum herum agieren oder in seinem Geäst ein Hieronymus-Bosch-Bild versuchen. In Laurent Chétouanes Inszenierung der „Iphigenie auf Tauris" platzierte Katrin Brack auf der hinteren Bühne neun riesige Ventilatoren für den Wind in den Segeln – alles leergefegt. Für Joachim Schlömers „Massacre"-Inszenierung schuf sie eine prunklos sakrale Architektur, mit neun domsäulengroßen Kerzen im Dunkel der Bartholomäusnacht. Nicht zu vergessen: jenes riesige Trinkglas, das sie in „Salome" auf die Bühne stellte, das Zisterne und Weinlaune, Folter und Feier in eins kippte, wenn Johannes der Täufer und Salome in ihm abtauchten. Diese realistischen, aber aus ihrem natürlichen Umfeld und ihrer Dimension herausgelösten Objekte dynamisieren auf fatale Weise den leeren Raum um sich herum, funktionieren auf der Bühne als reine Architekturen, die auf ihre Bevölkerung warten. Oft erscheinen diese Gegenstände so solitär, dass man dabei zusehen kann, wie die Einsamkeit sich an ihnen sammelt, sich ausdehnt, bis ins Unendliche. Katrin Brack gestaltet und denkt zwar das messbare Volumen des Theaterraums, ihre Idee ist aber meist so landschaftlich, dass der gestaltete Raum keine Begrenzung kennen will. Auch der Girlandenwald in Thomas Thiemes „BÜCHNER/LEIPZIG/REVOLTE" könnte sich bis ins Unendliche fortsetzen, der ebenso vorhangartige Urwald aus Topfpflanzen im „Tod eines Handlungsreisenden" könnte der Saum des Amazonas sein, in dem die Zimmermenschen ab und an verschwinden. Der Schnee, der Regen, das Konfetti haben schließlich einen so starken Atmosphären-Charakter, dass sich der Horizont perspektivisch viel weiter nach hinten verlagert als die Brandmauer des Theaters Platz ließe. Und manchmal zurrt Katrin Brack – ganz im Gegenteil – die Flächigkeit ihrer Idee auf die Quadratmeter der Bühne zusammen: wenn in „Leonce und Lena" das Volk des ganzen Königreichs Popo in exemplarischen Schlafsäcken die überschaubare Bühnenschräge füllt, wenn in „Das Große Fressen" der Schaum quillt und platscht, Übersättigung und Dekadenz evoziert, aber die Bühne nicht wirklich zum Überlaufen bringt.

ALLEIN AUF WEITER FLUR

Die Darsteller sind in diesen Bühnenwelten stets in einem organisatorischen Vakuum. In ihnen ausgesetzt, erfahren sie die Leere oder Materialität des Raums körperlich und müssen sich als ihre Bewohner begreifen. Sie stehen jeder für sich allein im Regen, zwischen trudelnden Ballons, inner- und außerhalb des Nebels: immer vor die Frage gestellt, ob vielleicht Stillstand oder Bewegung wirkungsvoller wäre, was gleichzeitig zur Über-Lebensfrage ihrer Figuren wird: Should I stay or should I go? – Meist setzt bei den Schauspielern eine Autoprojektion, Selbstbeobachtung und Selbstbespiegelung ein – nämlich die ihrer Figur und ihrer selbst als Performer. Dieses existenzielle Da-Sein auf Katrin Bracks Theater der Zeit provoziert antipsychologische Spielweisen, hochtourige Schauspielkunst des sich Behauptens – als müssten Schauspieler und Figuren um ihr Leben spielen. Ihr Spiel wird raison d'être – ob nun als stoische Präsenz im Schneetreiben oder als virtuos tänzelnde Scharlatanerie in einer Blasenkomödie aus bunten Ballons. Und der Zuschauer weiß plötzlich wieder, was seine eigentliche Vereinbarung mit dem Schauspieler ist: Er sieht die Figur und den Schauspieler die Figur gestalten; und er feiert, wenn das Ringen der Figur, ihr Da-Sein auf der Bühne und das Ringen des Schauspielers als Vexierbild schillern. Dass ein Bühnenbild unmöglich Ort sein kann, machen Bracks Räume unmissverständlich klar. So bildhaft überwältigend sie sind, so monumental ihre einfache, singuläre Idee da steht und sich im Material niederschlägt, so un-fassbar bleiben sie. Hier kann sich niemand einnisten. Hier ist alles nach allen Seiten offen. Der Schauspieler kann noch so viel Nebel produzieren – der bietet höchstens für ein paar Minuten das Zuhause einer Figur. Dennoch ist gerade diese Offenheit und Unbewohnbarkeit der Brackschen Bühnenwelten für viele Schauspieler lustvolle Herausforderung. Protagonisten wie Samuel Finzi, Wolfram Koch oder Almut Zilcher bezaubern uns durch ihr traumwandlerisches Selbstverständnis im Umgang mit Bracks assoziativ aufgeladenen Räumen. Für ihre Figuren ist es das Natürlichste von der Welt, in einem trudelnden Auf und Ab bunter Ballons zu wandeln als gingen sie durch Paläste. Beiläufig schieben sie sich einen Ballon wie einen Sessel unter den Arsch, um ihm kurz darauf – wie einem Menschen, der einem zu nahe tritt – einen Tritt oder doch nur einen Schubser zu geben, er davonsegelt.

RAUMGESTEN

Katrin Bracks Räume funktionieren oft wie Versuchsanordnungen. Als ob sie allen an der Produktion Beteiligten eine Petrischale hinstellt, einen Stoff hineingibt und dann zusieht, wie andere darauf reagieren. Diese Räume sind eine Aufforderung an das Stück, an den Regisseur und die Darsteller: sich hineinzubegeben, sich umfangen zu lassen, die Bedingungen zu erkunden, die Atmosphäre in sich einsickern zu lassen, sich zu verhalten. Sie sind von vornherein auf die Wechselwirkung mit den Darstellern aus. Insbesondere ihre Luft-, Licht- und Wetterräume werden für die Schauspieler manchmal zu unkontrollierbaren Mitspielern. Bracks Ideen materialisieren sich darin als ruhige aber doch kraftvolle Geste, für die der Darsteller adäquate Gesten erfinden muss, mit denen er den Raum durchmessen, schlussendlich bespielen und beherrschen kann. Der Nebel in „Iwanow" verschluckt ihn, jede Vorstellung anders, bewegt sich nach Gesetzen der Thermik, die keine Bühnengesetze sind. Die szenische Verabredung, die Replik auf ... all das wird von einer Nebelschwade irritiert, verstört.

Die Darsteller erfahren in der ersten Begegnung mit der Materialität dieser Räume, mit dem Leerstand dieser Welten einen konkreten Widerstand, müssen lange mit dem Material und dem Nichts herumspielen, damit aus ihnen jener Mitspieler wird. Im Oszillieren zwischen der schnöden Realität eines Konfetti-Schnipsels und seiner entarteten Qualität als Heuschreckenschwarm stellen sich zwar viele Assoziationen her, aber nicht zwingend Handlungen oder Vorgänge. Wenn die Geste aber gefunden ist, erleben wir eine gnadenlose Freiheit des Spiels, die das Ergebnis vieler Inszenierungen in Bracks Räumen ist. Vielleicht sogar das Fazit: Der symbolische Raum ist bewohnbar.

Entscheidend dabei ist, dass das Da-Sein der Figuren in diesen Räumen stets ein metaphysisches „In-der-Welt-Sein" ist, ganz so wie der 4-D-Philosoph Martin Heidegger die Seinsverfassung des menschlichen Daseins begriffen wissen wollte. Aber gegen solch eine Anleihe bei Heidegger würde sich Katrin Brack vermutlich wehren. Denn sie will, dass wir denken, dass das, was sie macht, ganz einfach ist. Also macht sie uns Zuschauern den Eintritt in eine vierte Dimension ganz einfach. Sie arbeitet in schönster Ignoranz der nicht selten an das Theater gestellten Forderung, die Welt als wiedererkennbare abzubilden. Katrin Brack bildet, wenn überhaupt, dann den Zustand von Welt ab. Sie zeigt uns, dass Theater „Vorstellung" von etwas ist und was vorstellbar ist. Das Sich-Wieder-Erkennen vollzieht sich auf einer emotionalen Ebene.

KOPFRAUM ZUSCHAUERRAUM KUNSTRAUM

Insofern kann man bei einer Inszenierung wie dem regnerischen „Homburg" auch in aller Doppeldeutigkeit Sloterdijks Bemerkung heranziehen: dass die Menschen „gruppenbezogen wetterfühlig" sind und der Künstler „Klimabildner ihrer Kultur(en)" ist. Denn wenn wir hinter das Beschreibbare dieser Bühnenbilder gelangen und einmal aus der Physik verschiedener Aggregatzustände von Wasser in die Meta-Physik der Zustände eintauchen, gelangen wir in das, was Gaston Bachelard in seiner „Poetik des Raumes" beschrieb: dass dieser von der Einbildungskraft erfasste Raum keiner sei, den wir mit einem Geometer ermessen könnten. „Er wird erlebt. Und er wird nicht nur in seiner Positivität erlebt, sondern mit allen Parteinahmen der Einbildungskraft." Wir sehen also vor allem auch das, was wir sehen wollen oder nur sehen können. Der Raum, der ich selbst bin. Deshalb ist es bei Bracks Zustandsräumen oft so verführerisch, in ihnen Bewusstseinszustände sehen zu wollen, Kopfräume, Innenwelten, die aber wie Landschaften aussehen. Diese Innen-Außen-Spannung überträgt Brack in ein einziges Bild. Bilder wie der Ballon-Raum des „Selbstmörders", wie die Girlanden- und Wetterräume haben nahezu einen Traumbild-Charakter. Ihre frei gelassenen Flächen und das Vakuum verweigerter Zweckdienlichkeit saugen unsere Assoziationen an. Die Leere ist nämlich auch der Raum, in dem wir als Zuschauer stattfinden und den wir mit unserer inneren Bewegtheit durchschreiten. Und feststellen: dass die „stehenden" Bilder von Katrin Brack anfangen, unser Unbewusstes zu bebildern. In seinem kritischen Essay „Art and Objecthood" schrieb Michael Fried über den Minimalismus, dass er von der Kunst die Aufhebung ihrer Objekthaftigkeit durch Form erwarte. In diesem Sinne ist die Kunst von Katrin Brack zu verstehen, deren Kunstwerke sich das Geheimnis ihres Übersetzungsaktes bewahren. Es sind Installationen, Architekturen, bewegte Skulpturen. Es sind Ding gewordene Ideen, in eine radikale Zeichenhaftigkeit überführt.

Nachdem der lange prägende Einfluss der Literatur auf das Theater durch die Autorenschaft des Regisseurs erweitert wurde, könnten gerade in unserer bilderversessenen Epoche Bühnenbildner wie Katrin Brack eine viel stärkere Autorenschaft für das Theater behaupten. Katrin Brack zumindest nimmt ihre Chance wahr, etwas zu erzählen, was zwar durch den Text inspiriert ist, aber in seiner radikalen Formulierung einen sehr entfernten Referenzpunkt liefert, zu dem sich Regisseur, Schauspieler und Stück in Bezug setzen müssen. Dass Katrin Brack dabei nicht nur dem unendlichen Repertoire an alltäglichen, virtuellen, abstrakten oder realistischen Bildern neue hinzufügt, sondern im Bild sowohl die Herstellung desselben transparent als auch wieder vergessen macht, ist genuin die Kunst des Theaters.

PS | Das Haus des Seins ist aber auch kein Gehäuse, in dem die Existierenden ein- und ausgehen. Seine Struktur gleicht eher einer Kugel der Sorge, in der sich das Dasein in ursprünglichem Außersichsein ausgebreitet hat.   Peter Sloterdijk

STEFANIE CARP
WELTEN JENSEITS
DER GESCHICHTE

Dieser Busch steht bei Kaliningrad. Früher hieß diese Stadt Königsberg. Den Busch trifft das nicht.
Alexander Kluge

Etwas von dieser von Kluge beschriebenen Gleichgültigkeit der Natur gegenüber den menschlichen Handlungen prägt die Bühnenräume von Katrin Brack. Ein den Raum füllendes, in ihn eindringendes oder sich im Raum bewegendes Material führt ein naturhaftes Eigenleben, das sich um den theatralischen Menschenkonflikt nicht kümmert.

Katrin Brack ist die Minimalistin unter den Bühnenbildnern. In einer Zeit, in der auf den Bühnen – zumindest in Deutschland – kompliziert und groß gebaut wird, erzeugt sie Räume aus Licht, Luft und Zeitvergehen. Ihre frühen Bühnenräume sind Gestaltung der Leere durch Objekte. In jüngeren Arbeiten bewegt sich Material oder Materie scheinbar nicht kontrolliert im Raum wie ein naturhaftes Ereignis. Sie sind im Grunde keine Räume und schon gar keine Bühnenbilder, sondern bewegliche Installationen oder optische Materialereignisse, häufig immateriell aus Luft, Licht, Wasser bestehend. Man kann sie nicht aufbewahren. Man muss sie auch nicht auf- und abbauen. Sie nehmen keinen Raum ein. Sie injizieren Vergänglichkeit in das jeweils dramatisch Verhandelte und erinnern an etwas, das unabhängig von den Menschen existiert. Katrin Brack ist nicht die erste Bühnenbildnerin, die die Nebel- oder Regenmaschine einsetzt oder es künstlichen Schnee oder wirkliches Konfetti fallen lässt. Aber sie ist sicher die erste, die aus Nebel oder Regen oder Konfetti eine Welt erzeugt, in der das jeweilige Drama sich abspielt. Diese Welt ist zumindest in ihren immateriellen Räumen keine soziale Welt und sie ist keine Welt für das Drama, sondern eine Umgebung, die eben auch da ist, wie gesagt, unabhängig von den Menschen. Die immateriellen Räume werden nicht in Werkstätten gebaut. Sie bestehen aus Zeit und Mengenberechnungen und Lichtkonzepten.

Für die frühen Inszenierungen von Luk Perceval baut Katrin Brack minimale Architekturen. Mehrere gegeneinandergeschichtete Quadrate aus Holz, die unterschiedlich liegen oder als Wand im Raum stehen, ein Quadrat aus Wasser, eine quadratische Wand aus Scheinwerfern, das sind mehr oder weniger die Raumelemente für Luk Percevals Shakespeare-Zyklus „Schlachten!" Ende der neunziger Jahre. Je nachdem, ob die Holzplatten symmetrisch zentriert hintereinanderliegen oder asymmetrisch schräg verzahnt sind, schaffen sie einen anderen Widerstand für die Spieler und einen anderen historischen Raum: den geordneten, offiziellen Raum der archaischen Macht, den chaotischen Raum des Krieges, den unberechenbaren Raum der Intrigen. In einer anderen Inszenierung Luk Percevals ist eine kreisrunde Scheibe unter einem Lichterkranz der Ort des Dramas und für die Inszenierung von Jon Fosses „Traum im Herbst" ist es ein mächtiger betongrauer Pfeiler, um den herum sich die Figuren bewegen oder hinter ihm verbergen müssen und auf den die langen Schatten der Spieler fallen. Immer werden diese minimalen Architekturen durch Licht, Wasser, Wasserspiegelung, Nebel in ihrer Wirkung verändert. Selten haben diese minimalen Architekturen einen praktischen Sinn. Natürlich sind sie nie realistisch. Sie scheinen nichts zu bedeuten. Sie sind keine Symbole. Aber sie erzeugen in ihrer Genauigkeit und diskreten Eigenart eine Unbewusstheit des auf der Bühne verhandelten Stoffes, ein Klima zwischen den Figuren. In den letzten Jahren hat Katrin Brack alles materialhafte Bauen weitgehend verlassen und ist noch minimalistischer geworden. Das schwerste oder dichteste Material, das sie verwendet, ist Papier. Indem sie in einem bestimmten Rhythmus Material sich im Raum ausdehnen, sich dort bewegen oder wieder verschwinden lässt, visualisiert sie einen Zeitverlauf, meistens einen gleichmütigen. Sie hat mit diesen beweglichen, immateriellen Installationen etwas für das Theater zumindest Seltenes geschaffen: Sie lässt auf der Bühne etwas entstehen, das der Absolutheit der menschenzentrierten dramatischen Zeit widerspricht oder sie relativiert. Ihre Bühneninstallationen sind Wucherungen, Wachsen und Vergehen oder Bleiben von Elementen, die ihre eigene autonome Zeitlichkeit haben, die sich nur manchmal, wie zufällig, zu einem Raum zu fügen scheinen, der die Menschen dann wie ein Garten umgibt. Sie stellen eine andere Zeitlichkeit her, die neben der sozialen Menschengeschichtszeit existiert, auf die sich das Theater bezieht. Der beständig fallende Nieselregen im „Prinz Friedrich von Homburg", der immer dichter werdende Konfetti-Regen in Dimiter Gotscheffs Inszenierung von „Kampf des Negers und der Hunde", der die Spieler verschluckende, sich immer neu formende Nebel in „Iwanow", der unaufhaltsam auf die Bühne quellende Schaum in „Das große Fressen", die Papierschlangen in „Tartuffe", sie sind ihre eigenen Ereignisse mit ihrer eigenen Zeit.

Es ist natürlich jeweils nur ein bestimmtes Material für die jeweilige Inszenierung. Jeder Raum funktioniert über seine besondere Materialität. Ein Papierschlangendauerregen kann falschen Ernst unterlaufen. Katrin Brack verwendet Materialien und Kunstmittel aus Show, Unterhaltung und Zirkus wie Konfetti, Luftschlangen, Pailletten, Ballons, Nebel und Schaum, um sie durch Zeitausdehnung zu naturalisieren. Ihr Material hat etwas Frivoles, Respektloses. Es kommt aus den billigen Bereichen großer Künstlichkeit, das sich jetzt auf der Bühne ausdehnt oder ergießt wie etwas Natürliches, das länger dauert als das kleine Drama der Menschen.

Sobald ein Gebäude oder Schienen oder Straßen nicht mehr benutzt werden, breitet sich Natur darüber aus, als wäre da nie etwas gewesen. An diese Relation erinnern die Bühneninstallationen von Katrin Brack durch ihren inneren Zeitablauf. Ob diese Relation erleichternd oder bedrohlich ist, hängt vom Kontext ab.

Für zwei Inszenierungen von Luk Perceval hat Katrin Brack Zitate wirklicher Natur auf die Bühne gestellt. Ein großer entwurzelter Baum in „L. King of Pain" und ein kleiner Wald in „Tod eines Handlungsreisenden" bilden jeweils den Hintergrund für möblierte Menschen. Dann löst sie die real zitierte Natur auf in Bewegung und Zeitablauf von natürlichem und nicht natürlichem Material; in beleuchtete Materie wie Regen, Nebel, Schnee und Schaum oder bunte Papierschnitzel. In „Ubukoenig" sind es wieder Objekte, eine Invasion von Luftballons, große und kleine lächerliche Luftbälle, die die Bühne übernehmen und deren Bewegungen nicht beherrschbar sind. Für den „Selbstmörder" sollen die Menschen selber die Natur sein, die neben dem Drama existiert, eine Menschennatur. Katrin Brack setzt Menschen auf Schaukeln, die sehr hoch vom Schnürboden der Volksbühne herabhängen. In ihrem Entwurf sollten es an die hundert Menschen sein, eine Menschenmenge auf Schaukeln, aus der die Farce der Protagonisten hervorgegangen und wieder in sie zurückgegangen wäre, in die Menge der vielen Menschen, irgendwelcher Menschen, die immer leben, unabhängig vom individuellen Schicksal. In der tatsächlichen Aufführung sind nur die Protagonisten des Stückes und die Schaukeln geblieben. Es fehlt das Verhältnis zum anderen Zeitvergehen. Für Schnitzlers „Anatol" hängen glitzernde Girlanden herab, so dicht, dass die Darsteller ganz in ihnen verschwinden können. Sie fallen oder wachsen nicht, sondern sind einfach da und werden durch Licht und Bewegung der Spieler verändert.

In ihren gelungensten Räumen oder Installationen wird das Material nicht zum Sinnbild, sondern bleibt unschuldig, als wüchse eine Energie, die anwesend ist. Man kann die Materialform dieser Energie auf unbewusste Wünsche oder Ängste innerhalb der Aufführung beziehen, man muss es aber nicht: Ist das frivole Konfetti der Übermut und Glamour, den man für die Projektion eines Afrika braucht, das ein ausgedachtes Theater-Afrika ist? Macht der depressive Regen in Preußen die Gesetze so unausweichlich? Der Nebel in seinen sich verändernden Konsistenzen ist eine Materie zwischen den Menschen, die sie einander undeutlich macht. In dem „MOLIERE"-Projekt von Luk Perceval schneit es. Molière wurde in einer Winternacht, in der es schneite, begraben. Die Bälle in „Ubukoenig" bestimmen die Aktionsformen und machen jede Beziehung kindisch. Der Schaum, der in „Das große Fressen" unaufhörlich auf die Bühne quillt und alle Bewegungen und Handlungen beherrscht, ist wie eine infantile Wunsch- und Lust-Energie zwischen den Menschen, ein Element, das einfach kommt und nicht zu stoppen ist.

Katrin Brack erzeugt durch ihre Inszenierung von Materie oder Objekten Räume jenseits von sozialer Geschichte, unausgestattete Räume, in denen Spieler nicht behaust sind und frei von jeder sozialen Festlegung. Sie treffen auf Materie, auf Objekte oder ein Element, das ihr Dasein auf der Bühne, ihre Bewegungsformen, ihre Wahrnehmungen bestimmen wird wie das Wetter. Sie treffen auf eine andere Existenz, die sich um sie nicht kümmert.

Es sind Materie, Bewegung und Zeit, die ein Klima zwischen den Figuren erzeugen und ein Zeitvergehen, das einen anderen Rhythmus hat als die dramatische, verdichtete Zeit. Mit Lufträumen aus nichts Materiellem erzeugt sie den größten Spielwiderstand. Aus Konfetti, Luftballons und Nebel macht sie naturhafte Materie, um dem Theater zu widersprechen. Den Inszenierungen der theatralischen Theaterregisseure Dimiter Gotscheff und Luk Perceval haben ihre Installationen einen poetischen Körper gegeben.

ANJA NIODUSCHEWSKI
SPACE-TIME CONTINUUM

There are many notions about a fourth dimension. And there are just as many mathematical, hallucinatory or endogenous schemes of world-space that attempt to envisage or bring to life that unimaginable amalgamation of space and time. But no one immediately thinks of the theatre in this context with its rickety scenery and its make-believe conjuring tricks. And yet, a theatre of time, the space-time continuum - precisely these things can be experienced, both sensuously and metaphysically, in Katrin Brack's atmospheric stage sets. And at the same time they always leave the inexplicable unexplained.

THEATRE OF TIME

Katrin Brack's stage sets are time sculptures. She ignites an idea and gives us time to observe the conditions of a state of the world that emerges associatively. We enter the theatre auditorium and notice a flurrying, colourful confetti rain that falls from the flyloft during the entire performance of "Black Battles with Dogs". After a while, we see a swarm of insects, shimmering heat over the scorched earth of Africa, a swarm of locusts. We survey the floating action, let ourselves drift and dive in. Our gaze loses itself and gets lost yet again in the snow flurry in "MOLIERE". There we see Thomas Thieme as a frantic Molière in this unending, unhurried snow flurry: pure exaltation. After four hours, his sweat-soaked body is crumbed with plastic snow, a goose-plucked person undergoing a white death. And so, just as the tiny shreds of plastic lie in the folds of Thieme's body, the rain in Armin Petras' "Prince Friedrich of Homburg" runs in rivulets down the actors' faces, trickling into their speaking mouths - is it necessary to mention that it is a continuous rain? It makes us forget the dust in Brandenburg and asserts quite uncharmingly that the weather on the battlefield is mostly bad. It is a typical Brack stage set, actuating its physical conditions and thereby ending up in a state that transcends itself associatively. A Brack set takes time, illustrates time, gives the observer time, to contemplate only what is normally experienced when sitting next to a river, the sea or a fire. Staring into a fire? This stage designer stretches time-space whilst capturing the ephemeral quality of a live evening performance in the theatre: she shows us the transience of the moment by letting it last in slow motion, perhaps the memory of a moment that stays suspended like an image. One image - that is what is sufficient for Katrin Brack. Perhaps it is a moving image, one in progress, but in its progression it is very often a Moebius strip with no beginning or end, a "still" image.

ONE PLAY, ONE SPACE, ONE IMAGE, ONE MATERIAL, ONE STATE

The question of what this image demonstrates is too ostensible. Initially, a tranquil emptiness exists that this stage designer aims to make rigorously visible and emotionally observable in all her sets, no matter how full they appear to be. Whether the set is a dense, three-dimensional forest curtain made of glittering tinsel as in "Anatol" or "BÜCHNER/LEIPZIG/REVOLTS", into which the characters appear and disappear; whether a fog bank simply forms and dissolves on the empty stage as in "Ivanov"; whether the whole volume of the set is filled with rain, confetti showers, snow or balloons, the emptiness is always present, if not palpable, like the weather. It is there by means of an ever-noticeable presence of absent things. For often, beside this contemplative air of space-time, it is particularly Brack's reduction to one, very often simple material (paper), and single object (tinsel) on an almost empty stage – the visually simple structure and form Katrin Brack lends to everything – that makes the artistic assertions of her sets so monumental and at the same time makes us realise how much she has left out.

It starts with the vocabulary used by every critic who tries to characterise this stage designer: the minimalist, the meteorologist, the architect, the landscape designer, the atmospherist, the purist and so on. These terms also describe the visible and imaginary expansion of the material's perspective into infinity, intangibility and universality. A shred of confetti is a shred of confetti, but Katrin Brack wrests it from its banality and shifts it en masse and en suite to a surreal state: African air supremacy, or just air.

If we think forward to her other confetti stage set, "Tartuffe", we can see how she transfers the same paper confetti object to another temporal dramaturgy and narrative. First, there is nothing. A black stage. Then she bombards the actors with a five-minute confetti and streamer explosion. And then? Then they only rustle around in the leftovers of the celebration. The actors wade through multicoloured paper trash, dragging their feet through it, creating patterns. The emptiness here is created by an anticlimax of effect, a yawning material hole after the explosive abundance.

EMPTY, CLEARED, ILLUMINATED

In the final consequence, Brack's sets are made of air. And because this is invisible, she dulls it with airborne particles, fills it with balloons and foam bubbles, sets it in motion and introduces us to its thermic laws. But she also lets air be air – something that conceals its laws: genuine emptiness per square metre. The word 'Raum' (space/set) derives etymologically from 'räumen' (to clear), originally referring to the act of clearing a glade in a forest to reclaim living space. And the clearing of space is one of Katrin Brack's fundamental needs that she pursues to a pain threshold, to a flirtation with oblivion, until we are eventually led to "Ward No. 6" where the empty stage is only filled with light: we have arrived at the clearing in the wood. In a similar way to air, the approach to light involves its refraction by different materials. Light is dispersed across the shimmering surface of tinsel, bundled into 612 light bulbs in "The Esra Case", it dazzles us with a wall of spotlights in "Macbeth" or "Battles!" – all illuminated, cleared, empty worlds. Her celebrated stage set for Dimiter Gotscheff's production of "Ivanov" only consisted of imitation fog – on an empty stage. For Gotscheff's production "The Suicide", she let whole parties of swinging ropes hang down onto the empty stage; for "Ubukoenig", the airspace was filled with floating, gliding, wearily spinning balloons. And even when she creates something that looks like a stage, Brack reduces it to the minimum. In contrast to the stage requirements for a twelve-hour performance of several Shakespeare dramas, Katrin Brack prepared a very Spartan camp for the production of Luk Perceval's "Battles!" - three variable podiums that in the course of the evening were only rearranged. The trail of blood in these dramas was dragged across the political stage of an entire century. Such reduced constructions, sometimes honed down to mere geometry, are not uncommon in her earlier works. In "Dream of Autumn" a gigantic, indefinable cylinder stood on a bed of gravel: and the typical silence of a Jon Fosse drama was broken only by a gentle crunching underfoot. The stage for Luk Perceval's take on Oresteia, "Aars!", simply consisted of a circular pool of water that was complemented by a wreath of light: Agamemnon's pool. Everyone stands ankle-deep in the fateful water. Violence, sex and power splutter everywhere. The world is flat, a circle with a petit bourgeois radius.

As impressively simple as complex was the austere wooden box into which she put "The Woman from the Past". Brack relocated the family-life drama that was already packed in a wooden crate to the corridor, where it waits to be moved to America.

Even apparently naturalistic, unchanged and concrete objects are isolated and put on display when placed on her stages. The gigantic oak tree in Luk Perceval's "L. King of Pain" stands like an uprooted Lear family tree on a pallet in the centre of the set. The shadows of the branches veine the empty stage floor like dark roots; actors are only able to act around the tree or struggle to make a Hieronymus Bosch painting in its branches. In Laurent Chétouane's production of "Iphigenia in Tauris", Katrin Brack placed nine enormous ventilators on the back stage to make wind in the sails - everything is completely swept away. For Joachim Schlömer's "Massacre", an unadorned, sacral architecture is created using nine cathedral-pillar-sized candles in the dark of St. Bartholomew's Night. Finally, an enormous drinking glass stands on the stage for "Salome", the cistern and the drunken mood, torture and celebration mix into one as John the Baptist and Salome dive into its water. These realistic objects, divorced from their natural environment and dimension, making the empty space around them fatally dynamic, function on stage as pure architecture waiting to be inhabited. These objects often appear so solitary that it is possible to see the loneliness collecting around them, stretching itself out to infinity. Katrin Brack creates and plans using the measurable volume of the theatre space, but her ideas are mostly so scenic that the space created seems boundless. The tinsel wall in Thomas Thieme's "BÜCHNER/LEIPZIG/REVOLTS" could go on into infinity. The curtain-like jungle of potted plants in "Death of a Salesman" could be the Amazonian frontier where domestic people disappear now and again. The snow, rain and confetti have such a strong atmospheric character that the horizon can be placed much further back in perspective than the space to the theatre firewall. And sometimes, in complete contrast, Katrin Brack lashes together the expansiveness of her ideas onto the square metre surface of the stage: as in "Leonce and Lena", where the entire population of the kingdom of Popo fill the slight stage slope in generic sleeping bags; as in "Blow-Out" where foam surges and splashes, evoking glut and decadence, but not really spilling over the stage.

ALL ALONE IN THE WORLD

Actors are always in an organisational vacuum in these stage worlds. Left alone in them, they experience the physical emptiness or materiality of the set and are forced to see themselves as its inhabitants. Each one stands alone in the rain, amongst gliding balloons, inside and outside the fog, always facing the question whether it would be better to remain still or move, which also brings up the question of survival for their characters: should I stay or should I go? The actors mostly begin to self-project, self-observe and self-reflect on both their character and their identity as performers. This existential Being in Katrin Brack's Theatre of Time provokes anti-psychological forms of acting, high-speed drama skills of self-assertion, as if the actors have to act for their own lives as well as their characters' lives. Their acting becomes a raison d'être either as a stoic presence in a snow flurry, or as virtuously dancing charlatanry in a bubbling comedy of colourful balloons. And the spectator suddenly remembers his deal with the actor: he sees the character and the actor create the character, and he applauds when the struggle of the character - his onstage Being - flickers like a picture puzzle back and forth between the struggle of the actor. Brack's sets make it unequivocally clear that a stage set cannot possibly be a location. No matter how visually overwhelming they are, how monumentally her simple, unique idea stands or is condensed in material, her sets remain intangible. No one can settle down here. Everything is exposed on all sides. The actors can produce as much fog as they like - at the very most, it provides a home for the character for a few minutes. Nevertheless, specifically this openness and inhospitality in Brack's stage worlds is a physical challenge for many actors. Protagonists like Samuel Finzi, Wolfram Koch or Almut Zilcher enchant us with their somnambulist concept of identity when dealing with Brack's associatively charged sets. It is the most natural thing in the world for their characters to wander through balloons floating up and down as if they were walking through palaces. They casually stick a balloon under their arses like an armchair, only to kick it or just push it away again shortly afterwards - like a person who has got too close - and the balloon sails away.

SPATIAL GESTURES

Katrin Brack's sets often function like test arrangements. It is as if she sets up a Petri dish for all those involved in the production, adds a material and then watches how the others react. These sets demand something of the play, the director and the actors: to enter, be surrounded, explore the conditions, let the atmosphere seep in, act. These sets are determined to have interaction with the actors. Brack's air, light and weather sets sometimes become uncontrollable co-players for the actors. Brack's ideas materialise in them as tranquil but powerful expressions for which the actor has to invent adequate gestures in order to gauge, eventually act in and control the set. The fog in "Ivanov" swallows him up, and in a different way for every performance; fog performs according to thermic laws, not stage laws. The stage action, the riposte – all that is unsettled, confused by a swathe of fog. The actors are introduced to a concrete resistance in their first encounter with the materiality of these sets, with the vacant quality of these worlds, and they have to play with the material and the void for a long time in order to be able to participate as co-actors. By oscillating between the poor reality of a shred of confetti and its enriched quality as a swarm of locusts, many associations arise but not necessarily plots or actions. If a gesture is found, however, the audience experiences a freedom in the acting that often happens with productions in Brack's sets. Perhaps up to the conclusion: symbolic space can be inhabited.

What counts here is that the Being of the characters in these sets is always a metaphysical "Being In the World", precisely in the same way that the 4D philosopher Martin Heidegger wanted to have his ontological constitution of human existence understood. But Katrin Brack would probably refuse to accept such a borrowing from Heidegger. This is because she wants us to think that what she makes is really simple. So she makes the entry for the audience into a fourth dimension very easy. She works in blissful ignorance of a not uncommon demand in theatre: to depict the world in a recognizable form. Katrin Brack depicts, if at all, the state of the world. She shows us that theatre is an idea of something and of what is imaginable. Self-recognition takes place on an emotional level.

HEAD SPACE AUDIENCE SPACE ART SPACE

On the subject of a rainy "Homburg" performance, one can cite Sloterdijk's comment in all its ambiguity: that "groups of people are meterosensitive" and the artist is the "climate-maker of his culture". For, if we reach beyond the describability of these stage sets and their various physical conditions and immerse ourselves in their metaphysical conditions, we come to what Gaston Bachelard describes in his "Poetics of Space": space registered by the imagination cannot be one which we measure with a geometer. "It is experienced. And it is not only experienced positively but with all the partisanship of the imagination." Hence, we first and foremost see the things that we want to see or are only able to see: the space that is myself. And the mesmerising aspect of Brack's sets is often that we are apt to see states of consciousness in them, head spaces, interior worlds that nevertheless look like landscapes. Brack conveys this interior-exterior tension in one single image. Images such as the balloon set in "The Suicide", and the tinsel and weather sets have an almost dream-like character. Her spacious void and the vacuum caused by her rejection of expediency suck in our associations. The emptiness is namely the space in which we appear as the audience and in which we walk around with our private emotion - and where we discover that Katrin Brack's "still" images begin to illustrate our subconscious.

In his critical essay "Art and Objecthood", Michael Fried writes that, in minimalism, he expects art to suspend its own objecthood through the medium of shape. This is the spirit in which Katrin Brack's art should be understood: her works of art keep the secret of their preliminary transformation. They are installations, architecture, moving sculptures. They are ideas that have taken shape, transformed into something radically symbolic.

After the formative influence of literature on the theatre was broadened by the authorship of the director, it could be stage designers like Katrin Brack that succeed in asserting a much stronger authorship for the theatre - especially in our image-obsessed epoch. Katrin Brack at the very least takes up the opportunity to narrate something that is certainly inspired by the text but, in its radical expression, offers a very distant reference point which the director, actors and play have to relate to. The fact that Katrin Brack does not simply add new images to the endless repertoire of everyday, virtual, abstract or realistic ones but in the image makes its production transparent and forgotten at the same time - that is genuine theatre art.

PS | Yet the house of being is not a casing into which the inhabitants come and go. Its structure resembles more a sphere of anxiety inside which existence has unfolded its primal, enraged state of being.   Peter Sloterdijk

STEFANIE CARP
WORLDS BEYOND HISTORY

This bush stands near Kaliningrad. This town was formerly called Königsberg. This does not concern the bush.   Alexander Kluge

Some of nature's indifference towards human action described by Kluge characterises Katrin Brack's stage sets.
A material fills the set, penetrating or moving within it, leading a natural, independent life that is unconcerned by the human conflict on stage.
Katrin Brack is the minimalist amongst stage designers. In a period of large, complicated stage constructions in Germany at least, she creates sets made of light, air and the passing of time. Her earlier stage designs composed emptiness with objects. In later works, material or matter moves in an apparently uncontrolled way through space like a natural occurrence. Essentially, her sets are not sets and least of all stage sets, but rather moving installations or physical events for the eye, often consisting of non-material matter such as air, light or water. They are not storable. They don't have to be set up and taken down. They don't take up any space. They inject perishability into the dramatic negotiations in progress and are reminiscent of something that exists independently of human beings.
Katrin Brack is not the first stage designer who has used fog or rain machines, or who has poured down artificial snow or real confetti. But she is surely the first who has created a world out of fog or rain or confetti where the respective drama takes place. This world, at least in her non-material stage sets, is not a social world and not a world for the play, but an environment that is simply there and is independent of humans. Her non-material sets are not built in workshops. They consist of time and quantity calculations as well as light concepts.
For the early productions by Luk Perceval, Katrin Brack built minimal constructions. Several wooden squares were piled against each other, lying in various positions or serving as walls in the set: a square of water, a square wall of spotlights. These were, more or less, the spatial elements for Luk Perceval's Shakespeare cycle "Battles!" at the end of the 1990s. Depending on whether the wooden panels lay in symmetrically centred rows or were asymmetrically interlocked, they created a different resistance for the actors and a different historical space: the orderly, official space of archaic power, the chaotic space of war, the unpredictable space of intrigues. In another production by Luk Perceval, a round disc beneath a corona of light is the site of the drama; in Jon Fosse's "Dream of Autumn", there is a huge, grey concrete pillar around or behind which the actors move or hide and onto which the long shadows of the actors fall. The effect of these minimal constructions is transformed by light, reflected water or fog, time and again. Seldom do they have a practical purpose. Naturally, they are never realistic. They appear not to signify anything. They are not symbols. But with their precision and discrete character, they create a subconscious for the subject matter being negotiated on stage, a climate between the figures.

In the past few years, Katrin Brack has left behind all material construction and has become even more minimalist. The heaviest or densest material she uses is paper.

By spreading material in a particular rhythm on the set, making it move or disappear, she visualises a passing of time, mostly a serene one. With her versatile, non-material installations, she has created something, which is rare, at least for the theatre: she has given rise to something on stage that contradicts or relativises the absoluteness of human-centred, dramatic time. Her stage installations are proliferations: they grow or decay, or perpetuate elements that have their own autonomous temporality, only sometimes joining together to become a space that surrounds the humans like a garden. She creates another temporality that exists alongside the time of mankind that the theatre refers to. The continuously drizzling rain in "Prince Friedrich of Homburg", the increasingly dense downpour of confetti in Dimiter Gotscheff's production "Black Battles with Dogs", the constantly reshaping and actor-swallowing fog in "Ivanov", the unstoppable, spurting foam in "Blow-Out", the paper streamers in "Tartuffe" - they are all independent events with their own, independent time.

There is naturally just one material for each production. Each set functions by means of its particular material. An unending torrent of paper streamers can undermine tongue-in-cheek seriousness. Katrin Brack uses materials and artificial means from the realm of showtime, entertainment and the circus: confetti, streamers, sequins, balloons, fog and foam. She then adapts their purpose by extending time. Her material has a frivolous, disrespectful quality. It comes from cheap, highly artificial places, and is then stretched out on stage or gushes like something natural, outlasting the human drama.

As soon as a building, railway line or street falls into disuse, nature takes over as if it had never existed. This association is present in Katrin Brack's stage installations due to their inner time process. Whether this association is a relief or a threat depends on the context.

In two of Luk Perceval's productions, Katrin Brack places references to real nature on the stage: a huge, uprooted tree in "L. King of Pain" and a small forest in "Death of a Salesman" form the backdrop in each case for furnished people. Then she breaks down real, cited nature into movements and time-lapses using natural and artificial material: in lit-up matter such as rain, fog, snow and foam, or in colourful shreds of paper. In "Ubukoenig", objects appear again: an invasion of balloons, large and small, ridiculous balls of air that take over the stage and whose movements cannot be controlled. In "The Suicide", humans are supposed to be nature itself, existing alongside the drama, human nature. Katrin Brack sets people on swings that are hung from very high up in the flyloft of the Volksbühne. In her original plan, there were supposed to be around one hundred people, a mass of people on swings, from which the farce of the protagonists emanates and returns - into the crowd of many people, any people, people who are alive, no matter what their individual fates are. In the actual performance, only the protagonists of the play and the swings remained. There is a lack of relation to this other time frame. In Schnitzler's "Anatol", glittering tinsel hangs down so densely that the actors completely disappear in it. It does not fall or grow; it is simply there and is transformed by light or the movement of the actors.

In her most successful sets or installations, the material does not become an allegory but remains innocent as if radiating energy. The material form of this energy can be interpreted as a subconscious desire or fear within the performance, but that must not be so: is the frivolous confetti equal to the high spirits and glamour that you need for a projection of Africa, a made-up Theatre Africa? Does the depressing rain in Prussia make the law inescapable? Fog, with its changeable consistency, is a matter between humans that makes them less distinguishable to one another. In the "MOLIERE" project by Luk Perceval, it snows. Molière was buried on a winter night when it was snowing. The balloons in "Ubukoenig" determine the form of action and make every relation childish. The foam that spurts continuously onto the stage in "Blow-Out", controlling all movement and action, is like an infantile desire-and-lust energy between people: an element that simply keeps coming and cannot be stopped.

In her way of staging matter and objects, Katrin Brack creates sets beyond social history, unfurnished sets in which the actors are not housed and are free of every kind of social definition. People encounter matter, objects or an element that determines their existence, their type of movement and their perceptions on stage, similar to the weather: They encounter another existence that is not concerned with them.

Material, movement and time create a climate between the figures and a temporality with a different rhythm to dramatic, condensed time. In airy sets made of no material, she creates the greatest resistance to acting. She makes natural-seeming matter from confetti, balloons and fog to contradict the theatre. Her installations have lent productions by the dramatic theatre directors Dimiter Gotscheff and Luk Perceval a poetic body.

KRANKENZIMMER NR. 6

VON ANTON TSCHECHOW IN EINER FASSUNG VON IVAN PANTELEEV

HARALD BAUMGARTNER | MARGIT BENDOKAT | ANDREAS DÖHLER | SAMUEL FINZI | WOLFRAM KOCH | KATRIN WICHMANN | ALMUT ZILCHER

REGIE: DIMITER GOTSCHEFF | BÜHNE UND KOSTÜME: KATRIN BRACK | MUSIK: PHILIPP HAAGEN | LICHT: MATTHIAS VOGEL | DRAMATURGIE: CLAUS CAESAR | BÜHNENBILDASSISTENZ: NIKOLAUS FRINKE | TECHNISCHE LEITUNG: OLAF GRAMBOW | KOSTÜMASSISTENZ: SABINE ECKERT

2010 DEUTSCHES THEATER, BERLIN

BÜCHNER/ LEIPZIG/REVOLTE

NACH GEORG BÜCHNER

MANOLO BERTLING | JIMMY HARTWIG | THOMAS LAWINKY | HAGEN OECHEL | BARBARA TROMMER | HENRIKE VON KUICK | SOWIE DEM PROJEKTCHOR BÜCHNER/LEIPZIG/REVOLTE

REGIE: THOMAS THIEME | BÜHNE UND KOSTÜME: KATRIN BRACK | VIDEO: NIKOLAI EBERTH | MUSIKALISCHE LEITUNG: ERIK SCHOBER | LICHT: RALF RIECHERT | DRAMATURGIE: ANJA NIODUSCHEWSKI | TECHNISCHE LEITUNG: RAINER CASPER | BÜHNENBILDASSISTENZ: EMANUEL SCHULZE | KOSTÜMASSISTENZ: BARBARA SCHIFFNER

2009 CENTRALTHEATER, LEIPZIG

DER FALL ESRA

REZEPTIONSDRAMA EINES ROMANS

SEBASTIAN BLOMBERG | MELANIE KRETSCHMANN | DIETRICH KUHLBRODT | YURI ENGLERT | OANA SOLOMON | CHRISTOPH THEUSSL

REGIE UND KONZEPT: ANGELA RICHTER | BÜHNE: KATRIN BRACK | KOSTÜME: BRITTA LEONHARDT | VIDEO: PHILIPP HAUPT | LICHT: CARSTEN SANDER | DRAMATURGIE: JENS DIETRICH, ANDRAS SIEBOLD | BÜHNENBILDASSISTENZ: JOASIA BIELA

2009 KAMPNAGEL, HAMBURG, IN KOPRODUKTION MIT DEM FFT DÜSSELDORF

ANATOL

VON ARTHUR SCHNITZLER

THOMAS BADING | JULE BÖWE | BRUNO CATHOMAS | ANDRÉ SZYMANSKI | TIMO KREUSER (MUSIKER)

REGIE: LUK PERCEVAL | BÜHNE: KATRIN BRACK | KOSTÜME: ILSE VANDENBUSSCHE | LICHT: MARK VAN DENESSE | DRAMATURGIE: MAJA ZADE | TECHNISCHE LEITUNG: HEINRICH PFEILSCHIFTER | BÜHNENBILDASSISTENZ: SOPHIE DU VINAGE

2008 SCHAUBÜHNE AM LEHNINER PLATZ, BERLIN

LEONCE UND LENA

NACH GEORG BÜCHNER IN EINER FASSUNG VON DIMITER GOTSCHEFF

PETER JORDAN | OLE LAGERPUSCH | KATRIN WICHMANN | ANDREAS DÖHLER | VICTORIA TRAUTTMANSDORFF | OLIVIA GRÄSER | SOWIE DIE MITGLIEDER DES CHORS

REGIE: DIMITER GOTSCHEFF | BÜHNE: KATRIN BRACK | KOSTÜME: ELLEN HOFMANN | MUSIK: SIR HENRY | CHORLEITUNG: BERND FREYTAG | LICHT: MATTHIAS VOGEL | DRAMATURGIE: CLAUS CAESAR | TECHNISCHE LEITUNG: UWE BARKHAHN, OLIVER CANIS | BÜHNENBILDASSISTENZ: ANNE EHRLICH

2008 THALIA THEATER, HAMBURG

UBUKOENIG

NACH ALFRED JARRY

STEPHAN BAUMECKER | FRANK BÜTTNER | SAMUEL FINZI | MICHAEL KLOBE | WOLFRAM KOCH | SEBASTIAN KÖNIG | NELE ROSETZ | AXEL WANDTKE

REGIE: DIMITER GOTSCHEFF | BÜHNE: KATRIN BRACK | KOSTÜME: ELLEN HOFMANN | MUSIK: SIR HENRY | LICHT: TORSTEN KÖNIG | DRAMATURGIE: MAURICI FARRÉ | TECHNISCHE LEITUNG: STEFAN PELZ | BÜHNENBILDASSISTENZ: ANETTE SCHULZ

2008 VOLKSBÜHNE AM ROSA-LUXEMBURG-PLATZ, BERLIN

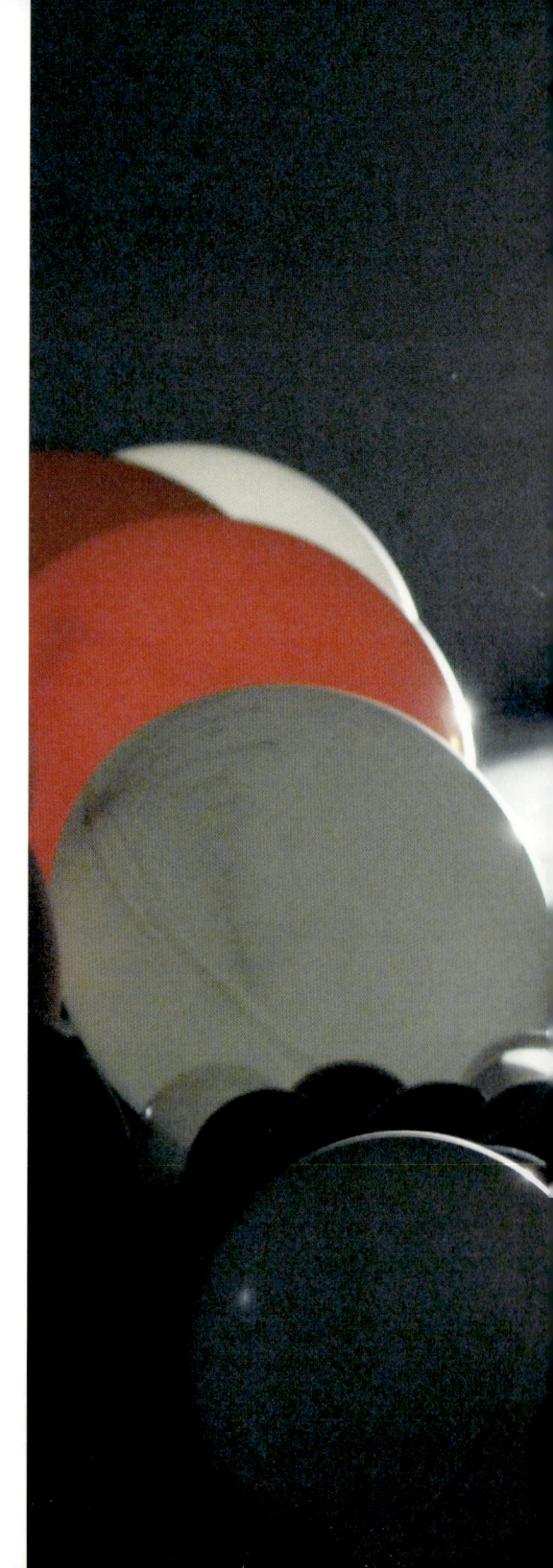

MOLIERE

DER MENSCHENFEIND - DON JUAN - TARTUFFE - DER GEIZIGE
VON FERIDUN ZAIMOGLU, GÜNTER SENKEL UND LUK PERCEVAL

THOMAS BADING | CHRISTINA GEISSE | HORST HIEMER | ULRICH HOPPE | KARIN NEUHÄUSER | FELIX RÖMER | KAY BARTHOLOMÄUS SCHULZE | STEFAN STERN | THOMAS THIEME | PATRYCIA ZIOLKOWSKA
REGIE: LUK PERCEVAL | BÜHNE: KATRIN BRACK | KOSTÜME: ILSE VANDENBUSSCHE | MUSIK: LAURENT SIMONETTI | VIDEO: NIKOLAI EBERTH | LICHT: MARK VAN DENESSE | DRAMATURGIE: MAJA ZADE | TECHNISCHE LEITUNG: HEINRICH PFEILSCHIFTER | BÜHNENBILDASSISTENZ: LENA MÜLLER
2007 EINE KOPRODUKTION DER SALZBURGER FESTSPIELE MIT DER SCHAUBÜHNE AM LEHNINER PLATZ, BERLIN

DER SELBSTMÖRDER

VON NIKOLAJ ERDMAN

SAMUEL FINZI | KATHRIN ANGERER (AB 2009: NAOMI KRAUSS) | HERBERT FRITSCH (AB 2009: MARIE LOU SELLEM) | MAX HOPP | WOLFRAM KOCH | AXEL WANDTKE | MICHAEL KLOBE | SERGEJ LUBIC | KURT NAUMANN | IRINA KASTRINIDIS | KATHARINA RIVILIS | P14, JUGENDKLUB DER VOLKSBÜHNE

REGIE: DIMITER GOTSCHEFF | BÜHNE UND KOSTÜME: KATRIN BRACK | MUSIK: SIR HENRY | LICHT: HENNING STRECK | DRAMATURGIE: GÖTZ LEINEWEBER | TECHNISCHE LEITUNG: STEFAN PELZ | BÜHNENBILDASSISTENZ: HELLA PROKOPH | KOSTÜMASSISTENZ: JULIA SCHWEIZER

2007 VOLKSBÜHNE AM ROSA-LUXEMBURG-PLATZ, BERLIN

PRINZ FRIEDRICH VON HOMBURG

VON HEINRICH VON KLEIST

PETER KURTH | SUSANNE BUCHENBERGER (AB 2007 SUSANNE BÖWE) | SANDRA BAYRHAMMER | ROBERT KUCHENBUCH | ANDREAS HAASE | GUNNAR TEUBER
REGIE: ARMIN PETRAS | BÜHNE: KATRIN BRACK | KOSTÜME: AINO LABERENZ | VIDEO: CHRIS KONDEK | LICHT: NORMAN PLATHE | DRAMATURGIE: JENS GROSS, ANDREA KOSCHWITZ | TECHNISCHE LEITUNG: RAINER MÜNZ, MATHIAS HELFER | BÜHNENBILDASSISTENZ: NINA ZOLLER, ANN-CHRISTINE MÜLLER
2006 SCHAUSPIELFRANKFURT | 2007 MAXIM GORKI THEATER, BERLIN | EINE KOPRODUKTION DES SCHAUSPIEL FRANKFURT MIT DEM MAXIM GORKI THEATER, BERLIN

DOOD VAN EEN HANDELSREIZIGER

VON ARTHUR MILLER

JOSSE DE PAUW | GILDA DE BAL | RUUD GIELENS | STEFAN PERCEVAL | BENNY CLAESSENS | LORENZA GOOS | TITUS MUIZELAAR | PETER SEYNAEVE | LOUIS VAN DER WAAL

KONZEPT: LUK PERCEVAL, JAN VAN DYCK | REGIE: LUK PERCEVAL | BÜHNE: KATRIN BRACK | KOSTÜME: ILSE VANDENBUSSCHE | LICHT: MARK VAN DENESSE | DRAMATURGIE: JAN VAN DYCK, DAVID CORNILLE | TECHNISCHE LEITUNG: ILJA VANDEWATERINGE

2004 HET TONEELHUIS, ANTWERPEN

TOD EINES HANDLUNGS-REISENDEN

VON ARTHUR MILLER

THOMAS THIEME | CAROLA REGNIER | BRUNO CATHOMAS | ANDRÉ SZYMANSKI | ULRICH HOPPE | CHRISTINA GEISSE | MICHAEL RASTL | MARCUS SCHINKEL | CHRISTIAN SCHMIDT

REGIE: LUK PERCEVAL | BÜHNE: KATRIN BRACK | KOSTÜME: ILSE VANDENBUSSCHE | LICHT: MARK VAN DENESSE | DRAMATURGIE: MAJA ZADE | TECHNISCHE LEITUNG: HEINRICH PFEILSCHIFTER | BÜHNENBILDASSISTENZ: LENA MÜLLER

2006 SCHAUBÜHNE AM LEHNINER PLATZ, BERLIN

DER TARTUFFE

NACH MOLIÈRE IN EINER FASSUNG VON DIMITER GOTSCHEFF

NORMAN HACKER | PETER JORDAN | PAULA DOMBROWSKI | ANGELIKA THOMAS | ANDREAS DÖHLER | JUDITH ROSMAIR | ANNA BLOMEIER | OLE LAGERPUSCH | HELMUT MOOSHAMMER | CHRISTOPH RINKE

REGIE: DIMITER GOTSCHEFF | BÜHNE: KATRIN BRACK | KOSTÜME: BARBARA AIGNER | MUSIK: SIR HENRY | LICHT: HENNING STRECK | DRAMATURGIE: CLAUS CAESAR | TECHNISCHE LEITUNG: UWE BARKHAHN, OLIVER CANIS | BÜHNENBILDASSISTENZ: CHRISTINA MROSEK

2006 EINE KOPRODUKTION DER SALZBURGER FESTSPIELE MIT DEM THALIA THEATER, HAMBURG

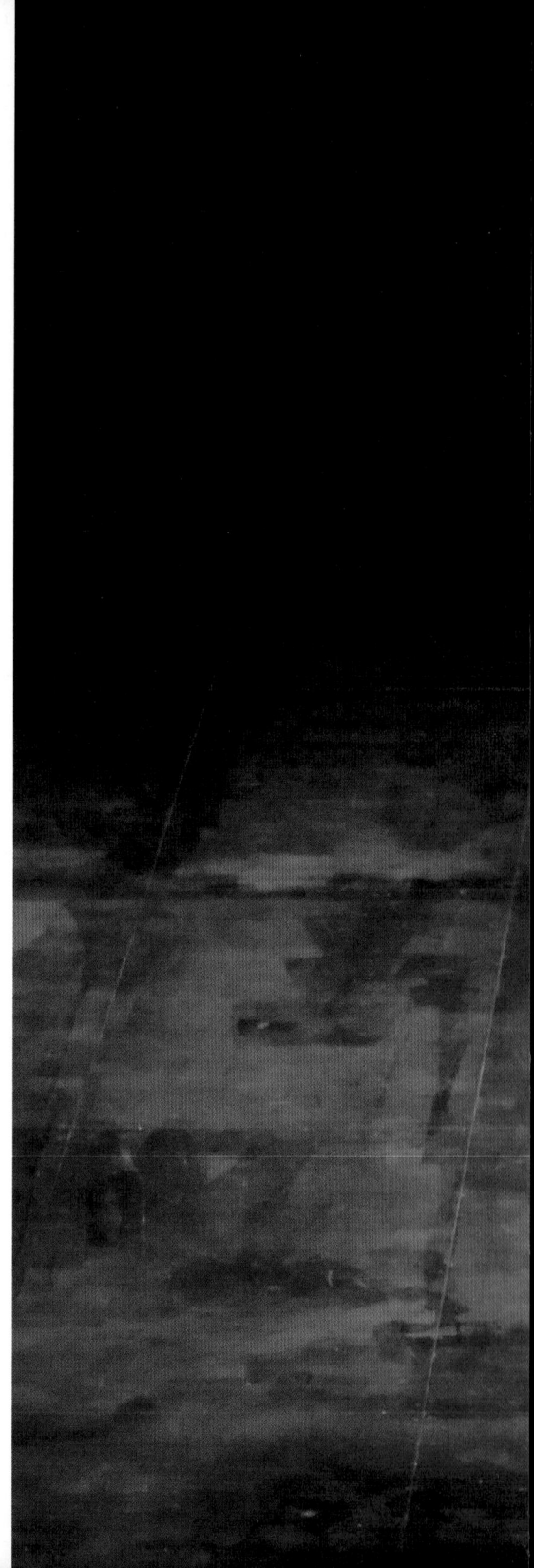

DAS GROSSE FRESSEN

VON MARCO FERRERI, RAFAEL AZCONA, FRANCIS BLANCHE

MARC HOSEMANN | HERBERT FRITSCH | SAMUEL FINZI | MILAN PESCHEL | ALMUT ZILCHER | ROSALIND BAFFOE | ANNE RATTE-POLLE | FRANK BÜTTNER | MICHAEL KLOBE

REGIE: DIMITER GOTSCHEFF | BÜHNE: KATRIN BRACK | KOSTÜME: KATRIN LEA TAG | MUSIK: SIR HENRY | LICHT: HENNING STRECK | DRAMATURGIE: KARL BARATTA, GÖTZ LEINEWEBER | TECHNISCHE LEITUNG: STEFAN PELZ | BÜHNENBILDASSISTENZ: HELLA PROKOPH

2006 VOLKSBÜHNE AM ROSA-LUXEMBURG-PLATZ, BERLIN

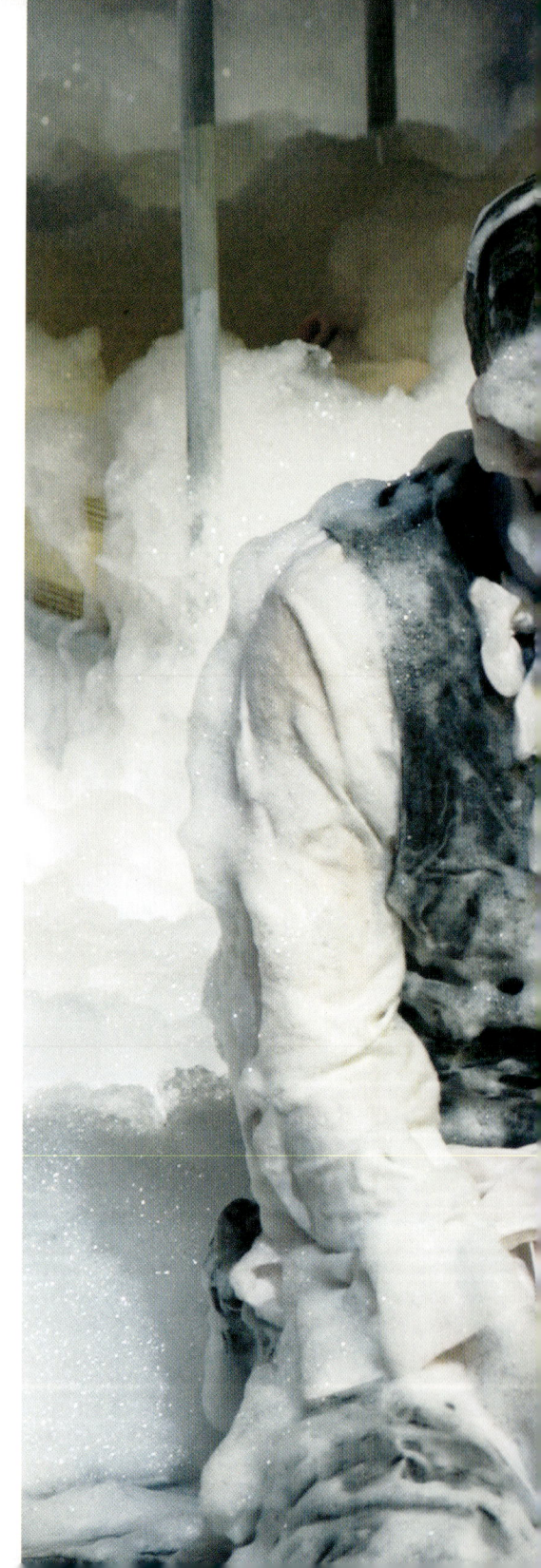

IPHIGENIE AUF TAURIS
VON JOHANN WOLFGANG GOETHE

FABIAN HINRICHS | CHRISTOPH LUSER | ANNETTE PAULMANN | WOLFGANG PREGLER | SEBASTIAN WEBER

REGIE: LAURENT CHÉTOUANE | BÜHNE: KATRIN BRACK | KOSTÜME: KATRIN LEA TAG | MUSIK: LENNARD SCHMIDTHALS | LICHT: STEPHAN MARIANI | DRAMATURGIE: MARION TIEDTKE | TECHNISCHE LEITUNG: EBERHARD BOTHE | BÜHNENBILDASSISTENZ: MARIE HOLZER

2005 MÜNCHNER KAMMERSPIELE

LULU LIVE

NACH FRANK WEDEKIND IN EINER BEARBEITUNG VON FERIDUN ZAIMOGLU UND GÜNTER SENKEL

STEPHAN BISSMEIER | PETER BROMBACHER | BERND GRAWERT | JULIA JENTSCH | CHRISTOPH LUSER | OLIVER MALLISON | ANNETTE PAULMANN | HILDEGARD SCHMAHL | HENRIETTE SCHMIDT

REGIE: LUK PERCEVAL | BÜHNE: KATRIN BRACK | KOSTÜME: URSULA RENZENBRINK | MUSIK: LAURENT SIMONETTI, LOTHAR MÜLLER | TEXTPROJEKTION: PHILIP BUSSMANN | LIVE-VIDEO: FAUSTO MOLINA / TOURETTE TV | LICHT: MARK VAN DENESSE | DRAMATURGIE: MARION TIEDTKE | TECHNISCHE LEITUNG: EBERHARD BOTHE | BÜHNENBILDASSISTENZ: MARIE HOLZER

2005 MÜNCHNER KAMMERSPIELE

Sowas
...Stoff gibt nach, mein...
...weiter, plötzlich steckt meine...
...Sch...ädchenhand in ihrem v...
...mmler... Rein und raus, rein...
...sie röcheln vor Lust, ihr...
...überschwemmt meinen Mund...
...noch alles schlucken kann.

IWANOW

VON ANTON TSCHECHOW

SAMUEL FINZI | ALMUT ZILCHER | HENDRIK ARNST (SEIT 2008 THORSTEN MERTEN) | WOLFRAM KOCH | SILVIA RIEGER | BIRGIT MINICHMAYR | ALEXANDER SIMON | MARIE-LOU SELLEM | WINFRIED WAGNER | MILAN PESCHEL | MICHAEL KLOBE | SIR HENRY

REGIE: DIMITER GOTSCHEFF | BÜHNE: KATRIN BRACK | KOSTÜME: KATRIN LEA TAG | LICHT: HENNING STRECK | MUSIK: SIR HENRY | DRAMATURGIE: PETER STAATSMANN | TECHNISCHE LEITUNG: STEFAN PELZ | BÜHNENBILDASSISTENZ: WERNER LORENZ

2005 VOLKSBÜHNE AM ROSA-LUXEMBURG-PLATZ, BERLIN

DIE FRAU VON FRÜHER
VON ROLAND SCHIMMELPFENNIG

MARKUS HERING | REGINA FRITSCH | CHRISTIANE VON POELNITZ | PHILIPP HAUSS | ELISA SEYDEL

REGIE: STEPHAN MÜLLER | BÜHNE: KATRIN BRACK | KOSTÜME: KATRIN LEA TAG | VIDEO: CHRIS KONDEK | LICHT: MARK VAN DENESSE | MUSIK: GERD BESSLER | DRAMATURGIE: ANDREAS BECK | TECHNISCHE LEITUNG: JOHANN BUGNAR | BÜHNENBILDASSISTENZ: CORNELIA KRAFFT

2004 AKADEMIETHEATER, WIEN

SALOME

VON OSCAR WILDE, NACHGEDICHTET VON GERHARD RÜHM

CAROLINE PETERS | WOLFGANG MICHAEL | MARIA HAPPEL | JOHANNES KRISCH | MICHELE CUCIUFFO | FLORENTIN GROLL | ROLAND KENDA | HANS DIETER KNEBEL | MICHAEL MASULA | JUERGEN MAURER | STEFAN WIELAND

REGIE: DIMITER GOTSCHEFF | BÜHNE UND KOSTÜME: KATRIN BRACK | MUSIK: CLAUS RIEDL | LICHT: FRANK KASTER | DRAMATURGIE: JOACHIM LUX | TECHNISCHE LEITUNG: JOHANN BUGNAR | BÜHNENBILDASSISTENZ: KATRIN LEA TAG | KOSTÜMASSISTENZ: BETTINA KRAUS

2004 AKADEMIETHEATER, WIEN

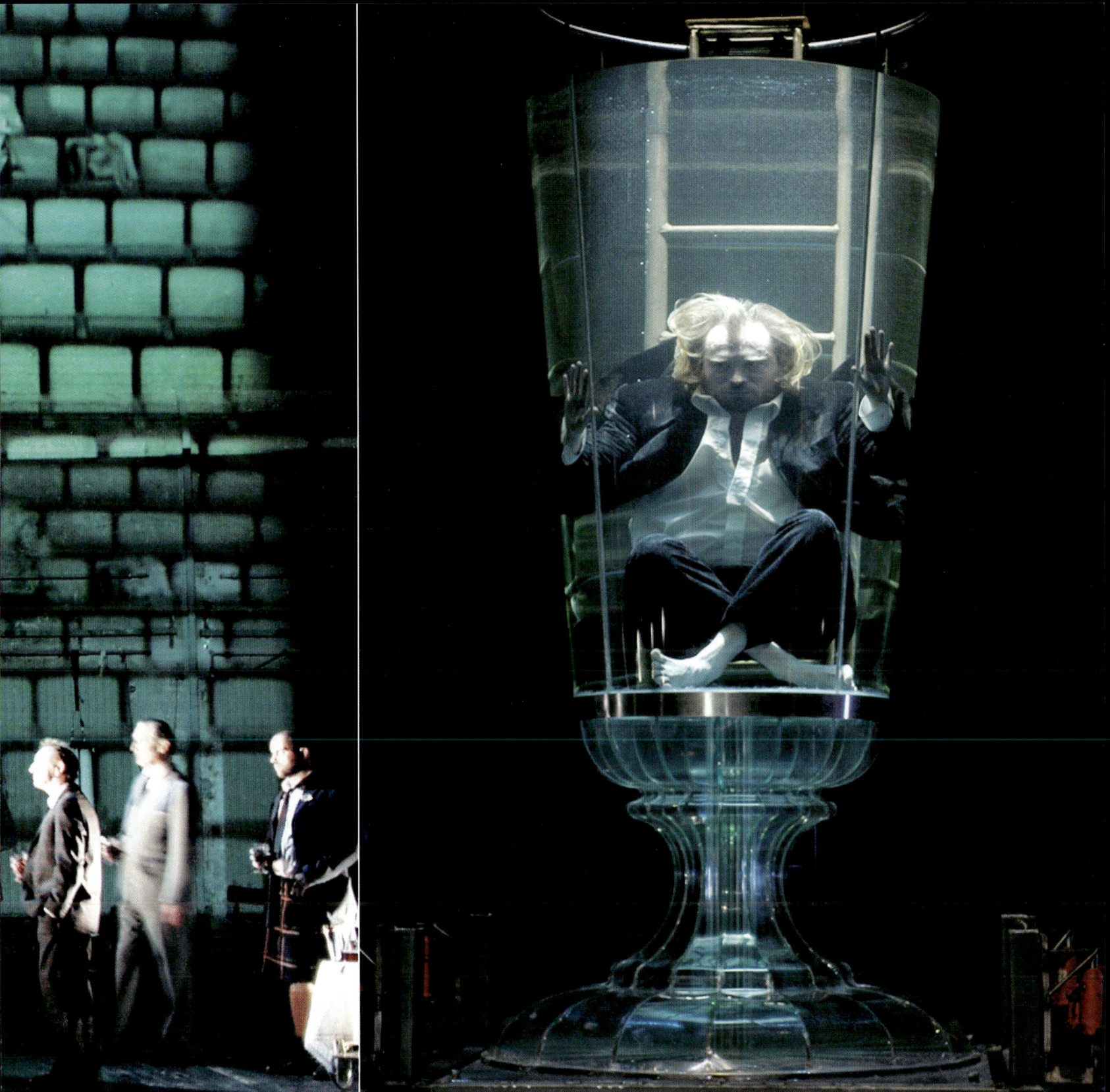

KAMPF DES NEGERS UND DER HUNDE
VON BERNARD-MARIE KOLTÈS

WOLFRAM KOCH | SAMUEL FINZI | ALMUT ZILCHER | MILAN PESCHEL | P14, JUGENDKLUB DER VOLKSBÜHNE

REGIE: DIMITER GOTSCHEFF | BÜHNE UND KOSTÜME: KATRIN BRACK | MUSIK: BERT WREDE | LICHT: HENNING STRECK | DRAMATURGIE: ANDREA KOSCHWITZ | TECHNISCHE LEITUNG: STEFAN PELZ | BÜHNENBILDASSISTENZ: WERNER LORENZ | KOSTÜMASSISTENZ: KATRIN LEA TAG

2003 VOLKSBÜHNE AM ROSA-LUXEMBURG-PLATZ, BERLIN

DIE SUNSHINE BOYS

VON NEIL SIMON

GERT VOSS | IGNAZ KIRCHNER | HANS DIETER KNEBEL | JOHANNA GRILJ

REGIE: GERT VOSS, IGNAZ KIRCHNER | BÜHNE UND KOSTÜME: KATRIN BRACK | LICHT: MARK VAN DENESSE | DRAMATURGIE: URSULA VOSS | TECHNISCHE LEITUNG: JOHANN BUGNAR | BÜHNENBILDASSISTENZ: KATRIN LEA TAG | KOSTÜMASSISTENZ: MONIKA WALLNER

2003 AKADEMIETHEATER, WIEN

OTHELLO

NACH WILLIAM SHAKESPEARE IN EINER BEARBEITUNG VON FERIDUN ZAIMOGLU UND GÜNTER SENKEL

THOMAS THIEME | WERNER REHM | STEFAN MERKI | WOLFGANG PRENGLER | BERND GRAWERT | WOLFGANG HINZE | JULIA JENTSCH | SHERI HAGEN | JENS THOMAS

REGIE: LUK PERCEVAL | BÜHNE: KATRIN BRACK | KOSTÜME: URSULA RENZENBRINK | MUSIK: JENS THOMAS | LICHT: MAX KELLER | DRAMATURGIE: MARION TIEDTKE | TECHNISCHE LEITUNG: JÜRGEN HÖFER | BÜHNENBILDASSISTENZ: TINE BECKER

2003 MÜNCHNER KAMMERSPIELE

EIN GESPRÄCH MIT KATRIN BRACK

[Anja Nioduschewski] Als es an die Gestaltung dieses Buches ging, hast du einen ähnlichen Weg beschritten wie bei der Annäherung an deine Bühnenbilder: Es gab für das Cover eine große Auswahl an beeindruckenden Fotos – aber du hast dir die Frage gestellt, was eigentlich die Gestaltung eines Buchs ist und dich für Typografie entschieden. Warum?

[Katrin Brack] Ich wollte auf dem Cover nur Schrift-Information haben und diese in den Druckgrundfarben. Da der Innenteil ja vorwiegend aus Fotos besteht, wollte ich das nicht bereits auf dem Cover vorwegnehmen.

Viele Bücher über Bühnenbildner oder Bildende Künstler geben einen Einblick in die so genannte Werkstatt, zeigen Skizzen oder Fotos, die die einzelnen Arbeiten inspirierten. Was bei dir zu einer Raum-Idee führt, scheint sich ausschließlich in deinem Kopf abzuspielen. Kannst du deine unsichtbare Annäherung an eine Idee beschreiben?

Alles, was ich sehe, erlebe, lese, denke oder von anderen erzählt bekomme, ist Inspiration für mich und bildet das Material, mit dem ich zu arbeiten beginne. Natürlich mache ich auch Zeichnungen, Skizzen und notiere mir konkrete Überlegungen. Am Anfang stehen aber immer viele Ideen und Möglichkeiten. Wenn ich dann zu überlegen beginne, ob ich einzelne Ideen auf der Bühne verwirklicht sehen will, reduziert sich das ganze, bis schlussendlich die eigentliche Idee übrig bleibt. Aber ich halte diese Vorarbeiten nicht für so wichtig, als dass sie hier dokumentiert werden müssten.

Und wie kommt man von einem Stück wie „Kampf des Negers und der Hunde" von Koltès zu einer Inszenierung, in der schließlich ununterbrochen heiterbuntes Konfetti auf den Bühnenboden regnet?

Der „Kampf des Negers und der Hunde" spielt auf einer französischen Baustelle in Afrika. Ich dachte zuerst an ein Land, in das wir Weiße in den Urlaub fahren, eine gute Zeit haben, uns nehmen, was wir wollen, und den Müll zurücklassen. Dann habe ich lauter Begriffe, die mir zu Afrika einfielen, aufgeschrieben; z. B. flirrendes Licht, Hitze, schöne Menschen, wunderbare Landschaften, Musik, Krankheit, Armut, wilde Tiere, Mückenschwärme, Krieg, koloniale Ausbeutung, Slums. Daraus habe ich versucht ein Bild zu entwickeln, das alle mir wichtigen Aspekte versammelt. So bin ich auf das permanent rieselnde Konfetti gekommen. Es vereint die Farben dieses Kontinents, spiegelt koloniale Arroganz und ein anderes, uns inzwischen fremdes Zeitgefühl wieder. – Die Zuschauer betreten den Zuschauerraum, da rieselt das Konfetti schon auf die Bühne und so bleibt es, bis nach dem Schlussapplaus die Türen des nun wieder leeren Zuschauerraums geschlossen werden.

Du hast ein weiteres Mal Konfetti benutzt – bei „Tartuffe". Was unterscheidet dieses Konfetti von dem bei „Kampf des Negers und der Hunde"?

der „Kampf des Negers und der Hunde" war das Konfetti rund, etwa fünf Zentimeter im Durchmesser und ist langsam und ohne Unterbrechung gerieselt. Die Inszenierung von „Tartuffe" begann auf leerer, schwarzer Bühne. Nachdem alle Mitglieder der Familie Orgon auf der Bühne waren, explodierte ein etwa fünfminütiges Feuerwerk aus Luftschlangen und kleinen eckigen Konfettischnipseln. Nun war die gesamte Bühne mit Konfetti und Luftschlangen zentimeterdick bedeckt und war der Raum, in dem weitergespielt wurde. Durch das Spiel veränderten sich die Farben des Bodens laufend. Das bunte Papier war nun Requisit und Spielfläche in einem. Bei diesem Stück musste ich im Vorfeld an Bilder aus Molières Zeit denken, an opulente Feste mit Feuerwerk, an die Musik von Lully oder an barocke Verschwendung.

Deine größten Erfolge, wenn man diese einmal an der Anerkennung durch Preise misst, hast du mit Räumen gefeiert, in denen permanent Konfetti rieselte oder Nebelwände über eine sonst leere Bühne krochen, Räume, in denen du die Schauspieler einem vierstündigen Schneetreiben ausgesetzt hast oder sie ein Dauerregen durchnässte. Es gab aber auch schon eine Phase architektonischerer Räume. Kannst du solche Phasen in deinem Schaffen beschreiben?

Selbst meine ganz frühen Arbeiten waren bereits durch die Reduktion der Mittel geprägt. Architektonische Elemente und Requisiten reichten meist aus, um eine bestimmte Raumvorstellung zu erzeugen. Mich interessierten auf der Bühne immer Veränderungen, die man mit relativ unaufwendigen oder bereits vorhandenen Mitteln erreichen kann, beispielsweise die Transformation von Objekten (etwa die Podeste bei „Schlachten!"), Requisiten und Einbauten während des Ablaufs eines Stückes, oder die Konzentration auf die wesentlichen Merkmale eines angestrebten Ereignisses. Wobei ich Licht und Ton als gleichwertiges Material der Raumgestaltung begreife. Bei meinen Überlegungen stellt sich immer die Frage, wie man Konstruktionen, Materialien oder Gegenstände aus ihren spezifischen Kontexten und den sich aus diesen ergebenden Zuschreibungen löst und in die Produktion sinnvoll integriert. Dieser Prozess der „Aneignung" ist in anderen künstlerischen Disziplinen ja gängige Praxis. Verkürzt könnte man sagen, es ging bei mir immer auch darum, einen Bühnen-Raum zu gestalten, der gerade aufgrund aller vorgenommenen Veränderungen nicht vorgibt etwas anderes zu sein als eben ein Theaterraum.

Wenn ich deine Arbeiten betrachte, habe ich den Eindruck, dass du zunächst mehr die Begrenzungen des Raums definiert hast, wie Wände oder Boden, oder du hast mit einzelnen Elementen im Raum die Leere um diese herum dynamisiert. Später hast du vorwiegend das Raum-Volumen gestaltet, seine Aggregatzustände: Nebel, Regen, Schaum und Schnee; dann die künstliche Übersetzung in Konfetti und schließlich die Übersetzung in Licht, das an Glitzergirlanden durch den Raum flirrt oder sich an Lichterketten verknotet. Ist diese Ordnung der Dinge meine Außensicht?

Du hast das sehr gut beschrieben. Grundsätzlich ist eine meiner wichtigsten Intentionen die Erstellung eines atmosphärisch aufgeladenen Bühnen-

...aumes, der im besten Falle prägnante und weit reichende Assoziationen ermöglicht und auch körperlich intensive Eindrücke hinterlässt.

Interessant ist bei diesen Assoziationen auch immer die Material-Dialektik von Natürlichem und Künstlichem, wenn man im Konfetti bei „Kampf des Negers und der Hunde" einen Insektenschwarm zu sehen scheint, oder bei „MOLIERE": Da war deine Idee, dem Kreatürlichen der Hauptfigur etwas Natürliches UND Künstliches zugleich entgegenzusetzen. Das war dann Kunstschnee, der von der Decke rieselte. Was ist für dich in Bezug auf deine Arbeiten natürlich, was künstlich?

Künstlich oder inszeniert ist ja eigentlich alles, was auf der Bühne passiert. Selbst wenn man auf einer Theaterbühne kein Theater spielen wollte, würde dies nicht gelingen. Das hat mit dem Kontext der Institution und der Erwartungshaltung des Publikums zu tun. Das verwendete „Material" bleibt aber immer das, was es ist. Theaterschnee bleibt immer weiß, auch nach vier Stunden auf dem Boden ist er noch weiß und besteht aus einzelnen Folienteilchen. Eine Ausnahme war in gewissem Sinne nur der Baum in „L. King of Pain", der sollte beides von sich behaupten: Hier ging es für mich darum, Natur UND Künstlichkeit zu thematisieren. Was ist echt, was ist künstlich und wie rezipieren das die Theaterbesucher? Das war eigentlich auch der Grundgedanke beim Schneefall in „MOLIERE". Etwas anderes habe ich bei den echten Pflanzen für den „Tod eines Handlungsreisenden" versucht: diese werden von den sichtbaren Natriumdampflampen be-leuchtet und somit am Leben erhalten; während der Handlungsreisende stirbt, wächst der Pflanzendschungel weiter.

Um deine Arbeiten zu beschreiben, zieht man oft Wörter wie Minimalismus oder Reduktion heran. Was ist es für dich?

Ein wesentliches Merkmal des Minimalismus ist ja die Reduktion auf das Wesentliche, daher kann ich mit beiden Zuschreibungen gut leben.

In meiner Wahrnehmung tritt eher eine Art (meta)physischer Vergrößerung ein. Zum Beispiel in „Anatol" oder „BÜCHNER/LEIPZIG/REVOLTE": Da hast du als singuläres Material eine Glitzergirlande gewählt, aber durch deine Aneignung gerät sie in eine andere Form, einen anderen Zustand, wächst ins Metaphorische. Willst du statt eines Sujets immer die ganze Welt erzählen?

Na ja, die ganze Welt erzählen zu wollen, wäre etwas vermessen, oder? Ich bin aber durchaus davon überzeugt, dass durch die Reduktion auf wenige Stilmittel, diese wenigen an Bedeutung gewinnen. Gleichzeitig wird meine Arbeit dadurch aber nicht einfacher, im Gegenteil, je weniger auf der Bühne zu sehen ist, desto präziser muss dessen Form und Funktion überlegt sein.

Ich möchte deine Räume erst einmal als funktionslos bezeichnen. Die Dinge sind trotz ihrer einfachen Materialität immer symbolisch und der Schauspieler muss zunächst einen normalen Umgang mit ihnen

...den, der das Symbolische ignoriert. Da ist zwar Schnee, aber es ist nicht Winter, usw. Für mich ist es der Schauspieler, der dem Material eine Funktion zuschreibt, oder?

Die Schauspieler und die Regisseure bestimmen im Wesentlichen darüber, wie mit dem Material gespielt, welche Interpretation verfolgt wird. Das passiert im Dialog und kann sich auch während der Proben in die eine oder andere Richtung verändern. Letztlich ist es aber das Publikum, das darüber befindet, inwieweit die von uns intendierten Vorgaben oder Assoziationen angenommen werden.

Provozieren deine Räume eine bestimmte Spielweise?

Meine Bühnenbilder sind doch sehr unterschiedlich, wie auch die Regisseure und Schauspieler. Ein Baum, oder besser die Repräsentation eines Baumes auf der Spielfläche bedeutet etwas anderes als permanenter Nebel. So gesehen ist der Umgang mit den Bühnenbildern unterschiedlich und damit auch die Spielweise. Da ich eine Theaterproduktion als etwas Ganzheitliches begreife, ist während des gesamten Entstehungsprozesses für mich immer die Überlegung präsent, welche Möglichkeiten sich für den Regisseur oder die Schauspieler bieten. Aber auch die Überlegungen, welche Projektionsflächen sich für die Lichtregie ergeben, welche Konsequenz meine Arbeit für die Akustik und/oder die Musik hat, beschäftigen mich sehr.

Der Mensch kann sich auf deinen Bühnen nie einrichten. Und er scheint immer allein zu sein, zusammen mit anderen, die auch allein sind. Die Darsteller wirken wie ausgesetzt und müssen um ihr Leben spielen. Also nicht nur um das der Figuren, die sie behaupten, sondern um ihre Existenz als Schauspieler.

So wie ein Schauspieler eben immer auch als Mensch auf der Bühne steht, so rieselt der Schnee eben immer auch als Polyethylenschnipsel auf den Bühnenboden. Diese Erkenntnis ist an sich nichts Besonderes, wichtig ist mir nur, dass man über solche Vorgänge nachdenkt und sich diese Umstände zu Nutze macht. Nur dadurch gelingt es, interessante Sicht- und Spielweisen zu entwickeln.

Zunächst sind weder deine Räume vordergründig psychologisch, noch ist es das Spiel, das darin Platz findet. Und dennoch frage ich mich sehr oft, ob deine Räume nicht doch Ausdruck reiner Innenwelten sind?

Mein Interesse an erkenntnistheoretischen Aspekten paart sich mit persönlichen Vorlieben und dem Wunsch, auch atmosphärisch aufgeladene Ebenen zu erschließen.

Als Titel für das Buch hast du „Theater der Zeit" gewählt. Was heißt das in Bezug auf deine Arbeiten?

Theater ist ein doch eher ephemeres Medium, der Titel drückt dies passend aus, es hat sich deshalb gut getroffen, dass auch der Verlag des Buches so heißt.

Ich denke dabei vor allem an die vierte Dimension also die Bewegung eines Körpers im Raum, de... so eine neue Dimension erlangt. Im über-

...agenen Sinne erfahren wir in deinen Bühnenbildern so etwas wie Raumzeit. Ist das ein reines Nebenprodukt?

Nicht wirklich. Am Beispiel der Bühne zu „MOLIERE" kann man in dieser Hinsicht deutlich einen Widerspruch ausmachen. Einerseits rieselt andauernd der Theaterschnee von der Decke und beschneit am Bühnenboden eine unmerklich tiefer werdende weiße Fläche. Augenscheinlich gibt es auf der Bühne - auf die Dauer des Stückes bezogen - also wenig Veränderung. Andererseits drückt dieses Rieseln auf extreme Weise etwas aus, das ich die permanente Veränderung oder permanente Bewegung nennen würde. Diesen Moment zu radikalisieren war mir von Anfang an ein großes Bedürfnis; und bei „MOLIERE" und anderen Stücken hat das - glaube ich - ganz gut funktioniert.

Das Flüchtige, Ephemere des Theaters wird von dir noch verstärkt, indem du die visuelle Präsenz der Darsteller oft „störst": Die Schauspieler verschwinden in Girlandenwäldern, im Blendlicht von Glühbirnen oder Scheinwerfern, sie verlieren ihre Kontur im Nebel und werden im Regen unscharf. Eine wundervolle Willkür des Auftauchens und Verschwindens entsteht. Worum geht es dir dabei?

Das entspringt meiner so genannten „Innenwelt". Viele Schauspieler stehen gerne im Scheinwerferlicht. Das schafft ein Zentrum auf der Bühne und konzentriert den Blick des Zuschauers meist auf den vorderen, verständlicherweise besonders begehrten Teil der Bühne. Meine Vorstellung war es, den gesamten Bühnenraum als Zentrum zu definieren. Dadurch bekommt die Präsenz eines Schauspielers, der - aus einem entfernten Bereich der Bühne kommend, möglicherweise verdeckt durch Girlanden oder Nebel - nun langsam oder überraschend sichtbar wird, eine größere Bedeutung. Darüber hinaus ergeben sich durch die Verschmelzung, beispielsweise des Nebels mit den Figuren im „Iwanow", spannende Interaktionen.

Deine Bühnenräume sind oft eine Zumutung für die Darsteller. Die Schauspieler erfahren im wahrsten Sinne des Wortes einen Raumwiderstand, wenn sie ihre Position im und außerhalb des Nebels bestimmen müssen, wenn sie vor lauter Wetter nicht reden können und ihre Wege durch den Raum wie Schneisen schlagen müssen. Ist Widerstand auch ein Wort, um zu beschreiben, wie du dich gegenüber dem Stoff und den Erwartungen des Regisseurs verhältst?

Zumutung und Widerstand sind nicht die Begriffe, die meine Absichten treffend beschreiben. Mir geht es bei vielen meiner Arbeiten eher darum, die Schauspieler mit Bühnensituationen zu konfrontieren, in denen sie neue Erfahrungen machen können und in denen sie - im Idealfall - neue Spielformen entwickeln können. Manchmal ist es für alle Beteiligten eine Herausforderung mit meinen Bühnen umzugehen.

Bei „Das Große Fressen" halfen den Schauspielern auch keine Neopren-Anzüge mehr gegen die feuchte Kälte. Bei „Iwanow" verursachte der Kunst-Nebel Halsschmerzen und bewegte sich nicht immer so, wie man wollte. Auf welche Schwierigkeiten stößt

...wenn das Bild, das du im Kopf hast, an schnöden Realitäten zu scheitern droht?

Tatsächlich ist es so, dass gerade im Regen, wie bei „Prinz Friedrich von Homburg", die Arbeit des Schauspielers erstmal keinen großen Spaß macht. Andererseits ist bereits das Gehen oder Laufen auf einer schrägen Fläche etwas Anstrengendes und mitunter auch Gefährliches. Soll man deshalb auf diese Herausforderung verzichten? Bei mir war es so, dass in solchen Situationen gemeinschaftlich immer ganz nüchtern abgewogen wurde, ob der Gewinn durch einen bestimmten Bühneneinfall den Aufwand oder das Risiko rechtfertigt oder nicht.

Welche Funktion hat für dich ein Bühnenbild?

Das Bühnenbild schafft, zusammen mit Licht und Ton, einen Raum für Text, Regie und Schauspieler in - und mit - dem sie assoziativ umgehen können und der für die Zuschauer über die Dauer der Aufführung verschiedene Lesarten zulässt.

Sind deine Räume nicht extreme Setzungen für das Stück? Für eine „Iphigenie auf Tauris" stellst du neun riesige Ventilatoren auf die Bühne, sonst nichts. Bei „Schlachten!" träumte Perceval von brennenden Kathedralen - du hast drei gestaffelte Podeste aufgestellt.

Ich glaube, diese vordergründig nicht synchrone Referenz der Bühne zum Stück wird wettgemacht durch ein Mehr an neuen Zusammenhängen, die vom Publikum hergestellt werden. Etwa in dem ...Sinne, dass man beim Radiohören mehr sieht als beim Fernsehen.

Wenn man deine Nähe zur Bildenden Kunst formuliert, stehst du dem erst einmal ablehnend gegenüber. Auf die Frage, ob deine Bühnenräume Kunst sind, hast du einmal geantwortet: „Meine Räume denken nicht darüber nach, ob sie Kunst sind." Warum behauptest du diese Distanz so vehement?

Weil ich ein Bühnenbild nicht als autonomes Werk betrachte, sondern weil meine Arbeiten nur im Zusammenspiel mit den anderen Akteuren einer Produktion Sinn machen und ihre Wirkung entfalten können.

Mir fällt auf, dass du dich wiederholt auf bestimmte geometrische Formen beziehst. Zum Beispiel der Kreis: in „Aars!" eine kreisförmige Wasserfläche mit Lichtkranz darüber, bei „Der Zerrissene" ein Karussell, bei „L'Orfeo" gibt es einen runden Deckel und das Loch zum Hades. Oder die senkrechte Linie: die Schaukeln beim „Selbstmörder", die Girlanden bei „Anatol" und „BÜCHNER/LEIPZIG/REVOLTE". Vielleicht reden wir über Geometrie?

Nein, denn das ist nie mein primärer Ansatz. Der Kreis, die Ellipse oder andere Formen sind Elemente, die bereits die Bühne oder die Einrichtung vorgeben. Der kreisrunde oder elliptische Lichtkegel der Scheinwerfer beispielsweise verlangt ja geradezu nach einer kreisförmigen Spielfläche. Es ist eher so, dass sich mein Formenvokabular aus der Architektur und der Technik des Bühnenraumes entwickelt hat.

Luk Perceval hat seine Begegnung mit dir beschrieben als ein Treffen von zwei Menschen, die ein Theater wollten, dass kein Theater mehr sein sollte. Wie unterschiedlich waren trotzdem eure Vorstellungen, oder wie habt ihr euch gegenseitig beeinflusst?

Wir wurden in verschiedenen Ländern beruflich sozialisiert. Ich habe enorm von der „Leichtigkeit" des belgischen/ flämischen Theaters profitiert. Und Luk hat begonnen an deutschsprachigen Bühnen Regie zu führen. Das ergab - glaube ich - eine sehr interessante Mischung. Und es stimmt, beide wollten wir die bestehenden Theaterkonventionen zumindest gründlich hinterfragen.

Kannst du rückblickend auf deine Ausbildung und Theatergeschichte eine Entwicklung deiner Idee von Bühne beschreiben?

Seit ich am Theater arbeite, gab es immer wieder Versuche, die so genannte Guckkastenbühne zu überwinden, oder Aufführungen, die das Theater an sich in Frage stellten und andere Orte als geeignete Spielstätten nutzten. Das Spektrum an Möglichkeiten, tradierte Formen des Theater-Spiels hinter sich zu lassen bzw. neue zu erarbeiten, ist heute größer denn je. Ich habe für mich aber meinen Weg gefunden, Theaterräume zu bespielen.

Heißt das, dass der Guckkasten für dich essentiell ist?

Dieses so alte und bewährte Format ist für mich weiterhin eine große Herausforderung.

Du hast deine Ausbildung bei Karl Kneidl gemacht, der für realistischere Bühnen-Arrangements bekannt ist. Dein Begriff von einem Bühnenbild, das keine Ausstattung der Szene betreiben, sondern die Idee auf das Elementare reduzieren will ... ist das eine Reaktion auf deine ursprüngliche Begegnung mit dem Theater?

Nein, meine Ausbildung bei Karl Kneidl war eine grundsolide und für mich war das eine sehr anregende und wichtige Zeit. Er war ein sehr guter Lehrer. Die Entwicklung, die meine Arbeit dann genommen hat, war dann aber eher bestimmt durch das, was ich danach erlebt und registriert habe.

Ein Bühnenraum von Katrin Brack ist mittlerweile für viele Theatergänger als Handschrift lesbar. Kannst du beschreiben, was typisch Brack ist?

Vielleicht ist es die Signifikanz der Räume, die in Erinnerung bleibt.

Zurzeit scheint dich auch ein serielles Verständnis deiner Räume zu reizen. Sowohl bei „Anatol" als auch bei „BÜCHNER/LEIPZIG/REVOLTE" hängen Glitzergirlanden im ganzen Bühnenraum. Was stellt sich dabei für dich her?

Hier gab es verschiedene Zugänge. Zum einen faszinierte mich die Idee, einen dreidimensionalen Vorhang aus diesen Girlanden zu gestalten. Zum anderen entfaltet das Material an sich - im Zusammenspiel mit Licht - ja bereits eine erstaunliche Qualität, beispielsweise durch das ständige Glitzern. Unin großer Anzahl gehängt und verteilt auf den gesamten Bühnenbereich ergeben sich Assoziationen – wie zum Beispiel Wald. Während bei „Anatol" die silberne Variante als ausschließliches Material zum Einsatz kam, waren die Girlanden in Leipzig goldfarben und in Kombination mit einer großen abgehängten Video-Leinwand zu sehen.

Für mich sind die glitzernden Girlanden-Räume auch der Beginn deiner Licht-Räume. Für „Krankenzimmer Nr. 6" hast du ausschließlich mit Licht auf leerer Bühne gearbeitet. Lag der Ursprung der Idee in Tschechows Erzählung oder in der konsequenten Fortsetzung deiner Licht-Räume?

Licht als elementares Medium interessiert mich immer mehr. Aber wie immer bei meinen Bühnenbildern ist der Einsatz stückabhängig.

Du arbeitest seit vielen Jahren mit Luk Perceval und Dimiter Gotscheff zusammen. In der Regel sucht und findet ein Regisseur „seinen" Bühnenbildner. Wie würdest du den Regisseur beschreiben, den du brauchst?

Es sollte ein Regisseur sein, der Lust auf ein Bühnenbild hat, das ihm vielleicht erstmal fremd ist, dem er sich annähern muss, und der neugierig darauf ist, was diese Bühne ihm ermöglicht.

Eine letzte Frage: Schaust du gerne aufs Wasser?

Ich schwimme lieber darin.

A CONVERSATION WITH KATRIN BRACK

[Anja Nioduschewski] When it came to designing this book, your method was similar to how you approach your stage sets: there was a wide selection of impressive photographs to choose from for the cover – but you asked yourself what book design is essentially about and decided on typography. Why?

[Katrin Brack] I only wanted written information on the cover, and to have this in primary print colours. Because the inside of the book mainly consists of photos, I didn't want to pre-empt that on the cover.

Many books on stage designers or visual artists offer a glimpse at the artist's so-called workroom, showing sketches or photos that inspired individual works. But in your case, whatever guides you to an idea for a set only seems to take place in your head. Can you describe this invisible approach to an idea?

Everything I see, experience, read, think or am told by others is my inspiration and forms the material that I start to work with. Of course I make drawings, sketches and write down concrete ideas. At the beginning, there are always several ideas and possibilities. Then, as I start to consider whether I want to see particular ideas put into practice on stage, everything gets reduced until finally, the idea itself remains. But I don't think this preparatory work is important enough to be noted here.

And how do you go from a play like "Black Battles with Dogs" by Koltès to a production in which brightly coloured confetti continuously rains on the stage floor?

"Black Battles with Dogs" takes place on a French construction site in Africa. First I thought of a country where us whites go on holiday, enjoy ourselves, take whatever we want and leave our rubbish behind. Then I wrote down a whole string of words that I associated with Africa, like shimmering light, heat, beautiful people, wonderful landscape, music, disease, poverty, wild animals, swarms of mosquitoes, war, colonial exploitation, slums. From this I tried to develop an image that gathered all the aspects that were important to me. And that's how I came up with confetti falling constantly. It unites the colours of the continent, reflects colonial arrogance and a different sense of time, one that has become alien to us. The audience enters the theatre auditorium and the confetti is already falling on to the stage, and that's the way it stays until after the final applause when the doors are closed on the empty theatre.

You used confetti on another occasion – for "Tartuffe". What is the difference between this confetti and the one you used in "Black Battles with Dogs"?

In "Black Battles with Dogs", the confetti was round, about five centimetres in diameter and it fell slowly without stopping. The production of "Tartuffe" began on an empty black stage. When al the members of the Orgon family were on the stage, there was a five-minute explosion when streamers and small, square shreds of confetti burst from all directions. Then the whole stage was covered in centimetre-deep confetti and streamers, and that was the set where the acting continued. The actors' movements changed the colours of the floor all the time. The coloured paper was both a prop and a set to act in rolled into one. For this play, I first had images from Molière's era in my head: opulent celebrations with fireworks, music by Lully, baroque decadence.

Your greatest successes, if we first measure success in awards, were characterised by sets where confetti fell constantly, sheaths of fog floated over stages that were otherwise empty; sets in which actors were exposed to a four-hour snow blizzard or soaked by permanent rain. But you also had a phase where the emphasis was on architectonic sets. Could you describe these phases in your work?

Even my very early works were marked by a reduction of means. Architectonic elements and props were sufficient on the whole to create a certain space concept. I have always been interested in changes on stage that can be achieved by quite minimal or already existing means: for example, by transforming objects (such as the podiums in "Battles!"), props or installations during the course of a play, or by concentrating on the essential qualities of an event that you are trying to create including light and sound, which for me are equal materials in set design. During the planning, I always come up against the question of how constructions, materials or objects can be detached from their specific contexts and related attributions, and be integrated usefully into the production. This process of "appropriation" is, of course, common practice in other artistic disciplines. Briefly put, you could say that my work has always been about designing a stage set that, precisely due to all the changes that have been carried out, pretends that it is nothing other than a theatre set.

When I look at your work, I have the impression that you have begun by defining the boundaries of the set, such as the walls or floors, or that you have dynamised the emptiness around the borders by using individual elements in the set. Later, the focus was primarily on the volume of space, its physical state as it were: fog, rain, foam and snow, then the artificial transformation into confetti and finally the transformation into light, shimmering on glittering tinsel over the entire set or knotted around chains of light. Is this how things are or simply my outside view?

You have described it very well. Basically, one of my most important goals is to create a stage set that is atmospherically charged and makes it possible to generate precise but far-reaching associations, as well as physically intense impressions.

These associations have an interesting aspect: the material dialectic of the natural and the artificial. Perhaps a swarm of insects can be seen in the confetti in "Black Battles with Dogs". Or in "MOLIERE" you had the idea of contrasting the creat-

ral aspect of the main figure with something natural AND artificial at the same time: you used artificial snow that fell from the ceiling. With regards to your work, what is natural and what is artificial?

The artificial or performed is in fact everything that happens on stage. Even if you don't want to act on a stage, you won't succeed not to: this has to do with the context of the institution and the expectation of the audience. The "material" used always is what it is. Theatre snow always stays white even after four hours of being on the ground because it's made up of individual little pieces of plastic. The only exception to some extent was the tree in "L. King of Pain", which was supposed to be both. Here, my aim was to make nature AND artificiality the subject of discussion. What is real, what is artificial and how is it received by the audience? That was the fundamental idea in fact underlying the snowfall in "MOLIERE". I was trying out something else with the real plants in "Death of a Salesman". They were lit by visible sodium discharge lamps and this kept them alive; as the salesman dies, the jungle of plants keeps growing.

To describe your work, words like minimalism or reduction are used. How would you describe it?

A crucial feature of minimalism is a reduction to the essential, so I can live quite happily with both labels.

In my perception, a kind of (meta)physical magnification takes place. In "Anatol" or "BÜCHNER/LEIPZIG/ REVOLTS", for example, you chose glittery garlands of tinsel as the only material. But through its appropriation, it takes on a different form, a different condition, becoming metaphoric. Do you always want to describe the whole world instead of a subject?

Well, wanting to describe the whole world would be rather presumptuous, wouldn't it? But I am absolutely convinced that reduction to a small number of stylistic devices gives more meaning to what is left. At the same time, my work doesn't become easier, but quite the opposite: the less there is to be seen on stage, the more precisely its form and function have to be considered.

I would like to describe your sets as being without function in the first place. The objects are always symbolic despite their simple materiality and the actors have to find a normal way of handling them, ignoring the symbolic aspect; that's snow but it's not winter, and so on. It seems to me that the actor attributes a function to the material. Is that right?

The actors and the directors decide for the most part how to act with the material and which interpretation is followed. That happens through dialogue and it can change direction during rehearsal too. Finally though, it is the audience who decides to what extent the projected guidelines or associations are taken on.

Do your sets bring about a certain way of acting?

My stage sets are in fact very different, as are directors and actors. A tree or rather a representa

...tion of a tree on stage has a different meaning to permanent fog. So how the stage sets are dealt with is different, as is the way of acting. Because I see a theatre production as something holistic, the possibilities being offered to the director or actors are always part of my considerations during the design process. But considerations about what projective surfaces I am creating for lighting designers, or the effect my work has on the acoustics and/or music, matter very much to me too.

A person can never arrange himself on your stages. And he always seems to be alone, along with others who are also alone. The actors seem to be outcast and have to act for their lives: not just for the lives of the charcters they are playing but for their existence as actors.

Just as an actor is still a person on stage, the snow falling is still just shredded polyethylene falling on to the stage floor. This realisation is nothing extraordinary in itself, but it is important for me to think about these processes and make use of these facts. Only then is it possible to develop ways of seeing and acting.

In the first place, your sets are not primarily psychological and neither is the acting that takes place in them. And nonetheless, I very often wonder if your sets aren't an expression of purely interior worlds?

My interest in epistemic aspects is coupled with personal taste and the desire to make atmospherically charged levels accessible.

For the book title, you chose "Theater der Zeit" ("Theatre of Time"). What does that mean in relation to your work?

Theatre is a rather ephemeral medium and the title aptly put this across; so it was well suited that the publishers of the book had the same name.

It makes me think most of all of a fourth dimension: the movement of a body in the set that achieves a new dimension in doing so. Figuratively speaking, we experience something like spatial time in your stage sets. Is that a mere by-product?

Not really. Taking the stage for "MOLIERE" as an example, in this respect you can spot a clear contradiction. On the one hand, theatre snow falls the whole time from the ceiling and over the stage floor, making a white surface that gets imperceptibly deeper. On the stage there is little apparent change as far as the length of the play is concerned. On the other hand, this falling snow expresses something in a very extreme way that I would call permanent change or permanent movement. From the very beginning, I felt a deep need to radicalize this moment. And in "MOLIERE" and other plays it worked very well, I believe.

You reinforce the fleeting, ephemeral nature of theatre by frequently "interfering" with the visual presence of the actors. They disappear in forests of tinsel or in the glare of light bulbs and spotlights; they lose their contours in fog and become blurred in rain. A wonderful randomness of appearing and disappearing develops. What is it about?

The source lies in my so-called "interior world." Many actors like to be in the spotlight. It creates a centre on stage and focuses the spectator's gaze mainly on the front and of course most sought after part of the stage. My idea was then to define the entire space on stage as the centre. That way, the presence of an actor, who is slowly or suddenly visible from a distant area of the stage, possibly concealed by tinsel or fog, gains a greater importance. In addition, the fusion of, for example, fog with the figures in "Ivanov" leads to some fascinating interaction.

Your stage sets are often an imposition for actors. Actors literally experience resistance in space if they have to determine their position in and outside of fog, or if they can barely talk due to weather conditions and have to battle their way through the set as if cutting a path through the jungle. Is resistance a word which describes your attitude to the subject matter and expectations of the director?

Imposition and resistance are not words that describe my intentions. In many of my works, I try to confront actors with stage situations where they can experience new things and might – ideally – develop new forms of acting. Sometimes, it is a challenge for everyone involved to deal with my sets.

In "Blow-Out", not even neoprene suits protected the actors from the damp cold. In "Ivanov", the artificial fog gave them sore throats and didn't always move like it was supposed to. What difficulties do you come up against when the image in your head seems doomed to fail because of some tedious reality?

It's true that the rain, as in "Prince Friedrich of Homburg", didn't make the work of the actors much fun at first. On the other hand, walking or running on a slanted podium is very tiring and also dangerous. So should these challenges be avoided too? For me, such situations have always been weighed up together, very objectively, to see whether the benefit of a certain stage idea justified the effort or risk.

What function does stage design have for you?

Stage design, along with light and sound, creates a space for the script, direction and actors, in which they can walk around together, associatively, giving access to various audience interpretations during the performance.

Aren't your sets radical propositions for plays? For a production of "Iphigenia in Tauris", you set up nine enormous ventilators on the stage: besides that nothing. In "Battles!", Luk Perceval imagined burning cathedrals – you set up three staggered podiums.

I think these primarily non-synchronous references of the stage to the play are offset by an increase in new connections made by the public. In the same way, for example, that you 'see' more when listening to the radio than watching television.

If someone comments on your proximity to the visual arts, your first reaction is disapproval. When asked whether your stage sets are art, you once answered: "My sets don't think about whether they are art or not". Why do you insist on distancing yourself so vehemently?

Because I don't see stage design as an autonomous work; my work only makes sense in interaction with other agents in a production and only then does it develop its effect.

It comes to my mind that you repeatedly refer to certain geometric shapes, for example: the circle. In "Aars!" there is a circular surface of water with a garland of light over it; in "Der Zerrissene" (A Man in Two Minds), a carousel; in "L'Orfeo" (Orpheus), there is a round lid and the hole to Hades. Or a vertical line: the swings in "Selbstmörder" (The Suicide), the tinsel garlands in "Anatol" and "BÜCHNER/LEIPZIG/REVOLTS". Perhaps we're talking about geometry?

No, because that's never my main starting point. Circles, ellipses or other shapes are elements that the stage or the equipment dictates. The circular or elliptical cone of light given by spotlights, for example, virtually demands a circular area of acting. It's more that my repertoire of shapes has developed from architecture and stage design techniques.

Luk Perceval described his meeting with you as one where two people wanted to do theatre that was not like theatre any more. How much did your ideas differ nonetheless, or did you mutually influence each other?

We trained in our occupations in different countries with different social norms. I benefited enormously from the "lightness" of the Belgian/Flemish theatre. And Luk began directing on the German stage. This produced, I think, a very interesting mixture. And it is true that we both wanted at the least to fundamentally question existing theatre conventions.

Looking back on your training and theatre history, can you describe a development of your ideas of theatre?

Since I started working in theatre, there have always been attempts to overcome the so-called peep-box stage, or performances that questioned the theatre and used other locations as suitable acting arenas. The spectrum of possibilities that leaves traditional forms of theatre behind or that tries to rework them is broader today than ever before. I have found my way, however, of staging theatre sets.

Does that mean that the peep-box is essential for you?

This ancient, time-proven format is still a great challenge for me.

You did your training with Karl Kneidl who is known for more realistic stage arrangements. Your interpretation of stage design – one that doesn't want to practice any kind of scene furnishing but wants to reduce the idea to the elementary – is that a reaction to your original encounter with theatre?

No, my training with Karl Kneidl was thoroughly solid and it was a very stimulating and important time for me. He was a very good teacher. The path which my work then took was determined more by what I experienced and took in afterwards.

In the meantime, Katrin Brack's stage sets have become a legible signature for many theatre-goers. Can you describe what is typical Brack?

Perhaps the significance of sets that stay memorable.

Understanding your sets as a series seems to appeal to you now. In "Anatol" as well as "BÜCHNER/LEIPZIG/REVOLTS", glittery tinsel garlands hung down on to the entire stage set. What effect does this produce for you?

There were several routes of access in this case. First, the idea of creating a three-dimensional curtain with garlands of tinsel fascinated me. Then, the material itself, in interaction with light, has astonishing properties like constant twinkling. And hanging in large quantities and spreading it across the whole stage brought up associations, for example: the forest. Whereas in "Anatol" silver tinsel was used exclusively, the tinsel garlands in Leipzig were gold-coloured and were seen together with a large, suspended video screen.

The glittery tinsel sets are also the beginning of your light sets for me. In "Krankenzimmer Nr. 6" (Ward No. 6), you worked exclusively with light on empty stages. Was the origin of this idea in Chekhov's story or in wanting to make the sequel to your light sets?

Light as an elementary medium interests me more and more. But as always in my stage sets, how it is applied depends on the play.

You have worked for years together with Luk Perceval and Dimiter Gotscheff. Normally, a director looks for and finds "his" stage designer. How would you describe the director that you need?

It would have to be a director who is interested in stage design, which might be alien to him at first, but he has to approach and be curious about what this stage enables him to do.

A last question: Do you like gazing at water?

I prefer swimming in it.

MASSACRE

VON WOLFGANG MITTERER

ANNETTE STRICKER | KATIA PLASCHKA | GEORG NIGL | ALEXANDER PLUST | BETTINA PAHN | INGRID WEISFELT | SEBASTIAN ROWINSKY | JODI MELNICK | KUO-CHUAN WANG

REGIE UND CHOREOGRAPHIE: JOACHIM SCHLÖMER | MUSIKALISCHE LEITUNG: PETER RUNDEL | BÜHNE UND KOSTÜME: KATRIN BRACK | LICHTDESIGN: DAVID FINN | SOUNDDESIGN: HELWIN HINKE, WOLFGANG MITTERER | DRAMATURGIE: URSULA REISENBERGER | TECHNISCHE LEITUNG: GABRIELE KAIBA | BÜHNEN- UND KOSTÜMASSISTENZ: KATRIN LEA TAG

2003 WIENER FESTWOCHEN IN ZUSAMMENARBEIT MIT DER WIENER TASCHENOPER

L'ORFEO

VON CLAUDIO MONTEVERDI

IRENA BESPALOVAITE | KOBIE VAN RENSBURG | JACQUELYN FAMILANT | HELENE RANADA | FRÉDÉRIQUE SIZARET | HELMUT BERGER-TUNA | MAREK GASZTECKI | CHRISTOPH SÖKLER | DANIEL OHLMANN | RODERIC KEATING | DANIEL KALETA | HEIKE BECKMANN | SAŠA VRABAC | TOMMASO HAHN | JASNA VINOVRSKI

REGIE: JOACHIM SCHLÖMER | MUSIKALISCHE LEITUNG: JEAN-CLAUDE MALGOIRE | BÜHNE UND KOSTÜME: KATRIN BRACK | LICHT: DAVID FINN | CHORLEITUNG: JOHANNES KNECHT | DRAMATURGIE: JULIANE VOTTELER | TECHNISCHE LEITUNG: KARL-HEINZ MITTELSTÄDT, REINHARD RICHTER | BÜHNENBILDASSISTENZ: SUSANNE GSCHWENDER

2002 STAATSOPER STUTTGART

L. KING OF PAIN

VON PETER PERCEVAL, LUK PERCEVAL UND KLAUS REICHERT NACH SHAKESPEARES KING LEAR

THOMAS THIEME | WOLF BACHOFNER | STEFAN PERCEVAL | WIM OPBROUCK | JAN BIJVOET | LORENZA GOOS | JAN VAN HECKE | KATRIEN MEGANCK | RUUD GIELENS | YVON JANSEN | HAN KERCKHOFFS | EDGAR SCHÄFER

REGIE: LUK PERCEVAL | BÜHNE: KATRIN BRACK | KOSTÜME: ILSE VANDENBUSSCHE | LICHT: ENRICO BAGNOLI | MUSIK: BART MARIS | DRAMATURGIE: JAN VAN DYCK | TECHNISCHE LEITUNG: ILJA VANDEWATERINGE
2002 STADSSCHOUWBURG, BRÜGGE | EINE KOPRODUKTION VON HET TONEELHUIS, ANTWERPEN, SCHAUSPIELHAUS ZÜRICH UND SCHAUSPIELHANNOVER

DER LEUTNANT VON INISHMORE

VON MARTIN MCDONAGH

JOHANNES TERNE | WERNER WÖLBERN | SAMUEL FINZI | BIRGIT MINICHMAYR | STEFAN WIELAND | MICHAEL MASULA | MICHELE CUCIUFFO | DANIEL JESCH | MUSIKER: LENNY DICKSON, OTMAR KLEIN, BERNHARD MOSHAMMER, ALBIN PAULUS, SEPP PICHLER, CLAUS RIEDL

REGIE: DIMITER GOTSCHEFF | BÜHNE UND KOSTÜME: KATRIN BRACK | LICHT: LUK PERCEVAL, MARK VAN DENESSE | MUSIK: SANDY LOPICIC | CHOREOGRAPHISCHE MITARBEIT: BLANKA MODRA | DRAMATURGIE: JOACHIM LUX | TECHNISCHE LEITUNG: JOHANN BUGNAR

2002 AKADEMIETHEATER, WIEN

TRAUM IM HERBST

VON JON FOSSE

STEPHAN BISSMEIER | DAGMAR MANZEL | GUNDI ELLERT | WERNER REHM | CORNELIA HEYSE

REGIE: LUK PERCEVAL | BÜHNE: KATRIN BRACK | KOSTÜME: URSULA RENZENBRINK | MUSIK: LAURENT SIMONETTI | LICHT: MARK VAN DENESSE | DRAMATURGIE: MARION TIEDTKE | TECHNISCHE LEITUNG: JÜRGEN HÖFER | BÜHNENBILDASSISTENZ: ESTHER TORONSZKY

2001 MÜNCHNER KAMMERSPIELE

DER ZERRISSENE

VON JOHANN NESTROY

KARLHEINZ HACKL | DETLEV ECKSTEIN | HANS DIETER KNEBEL | JUERGEN MAURER | KITTY SPEISER | ROBERT MEYER | BRANKO SAMAROVSKI | BIRGIT MINICHMAYR | HERMANN SCHEIDLEDER | DIRK WARME

REGIE: GEORG SCHMIEDLEITNER | BÜHNE: KATRIN BRACK | KOSTÜME: KLAUS BRUNS | LICHT: REINHARD TRAUB | MUSIKKONZEPT: WOLF SCHLAG | KOMPOSITION, ARRANGEMENT: LEONARD PAUL | SOUNDDESIGN: INES KARGEL | DRAMATURGIE: JOACHIM LUX | TECHNISCHE LEITUNG: HEINZ FILAR | BÜHNENBILDASSISTENZ: RONALD ZECHNER

2001 BURGTHEATER, WIEN

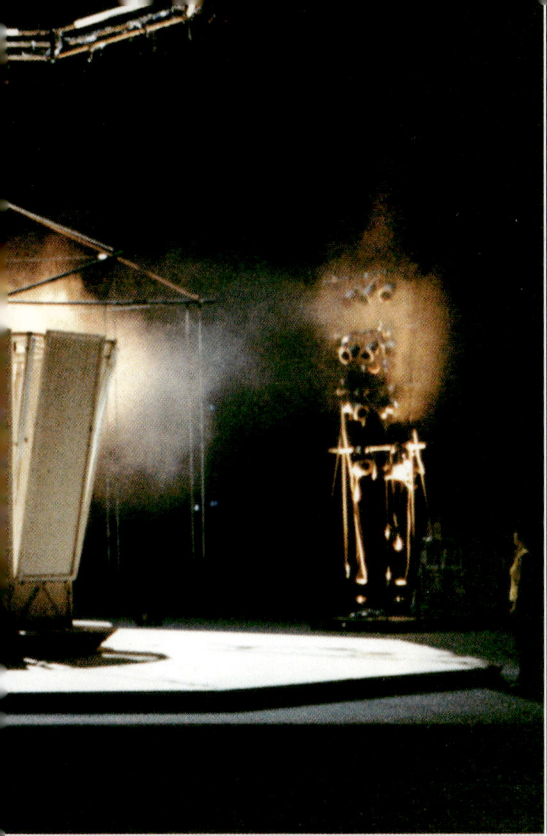

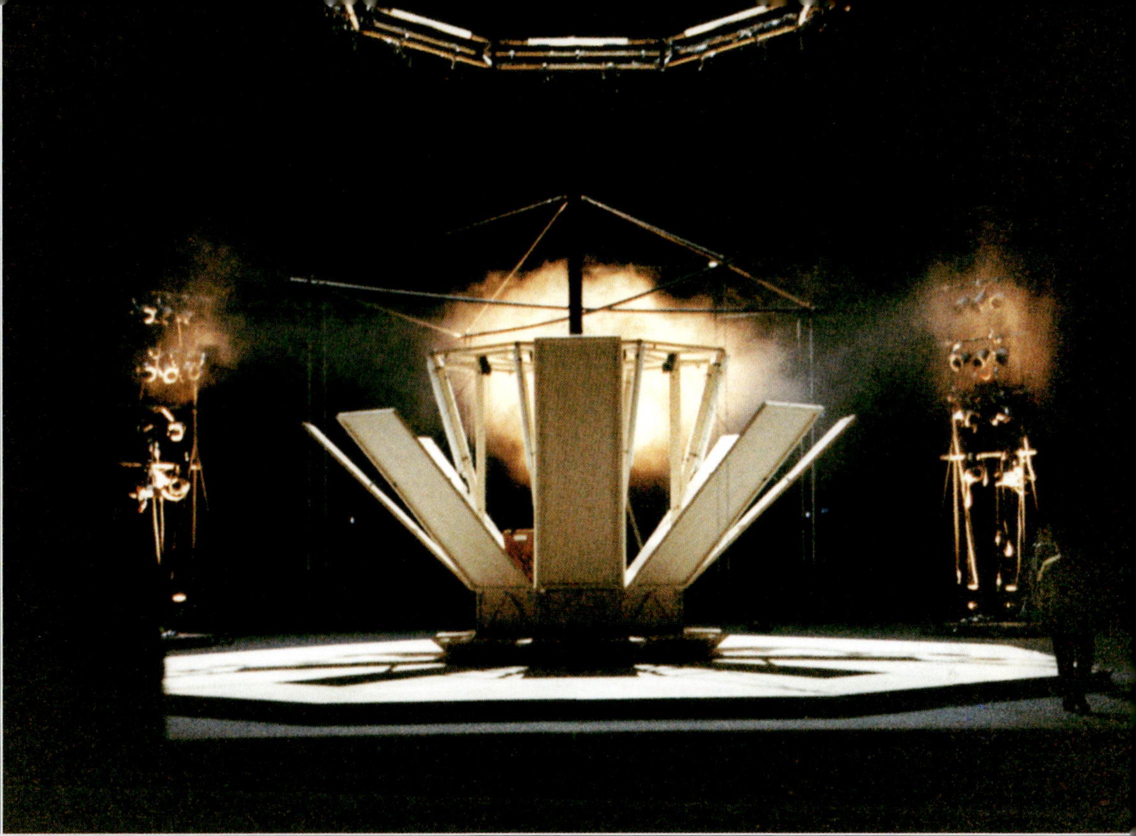

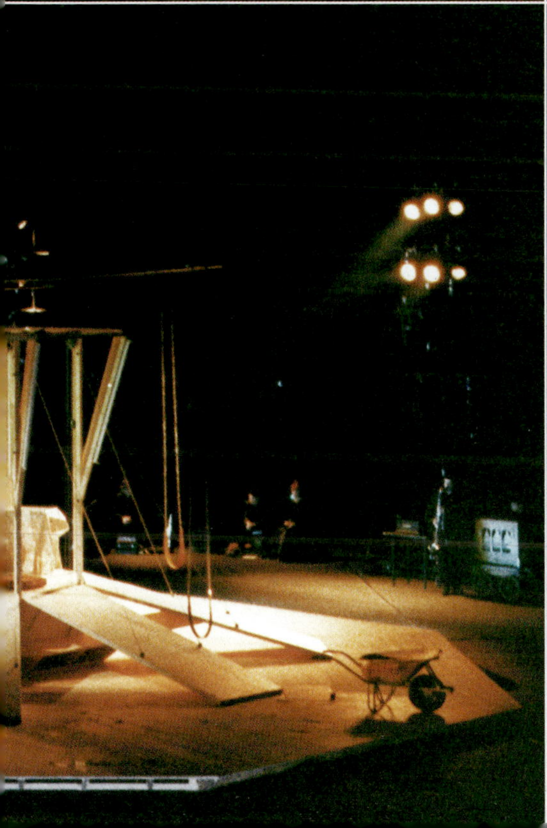

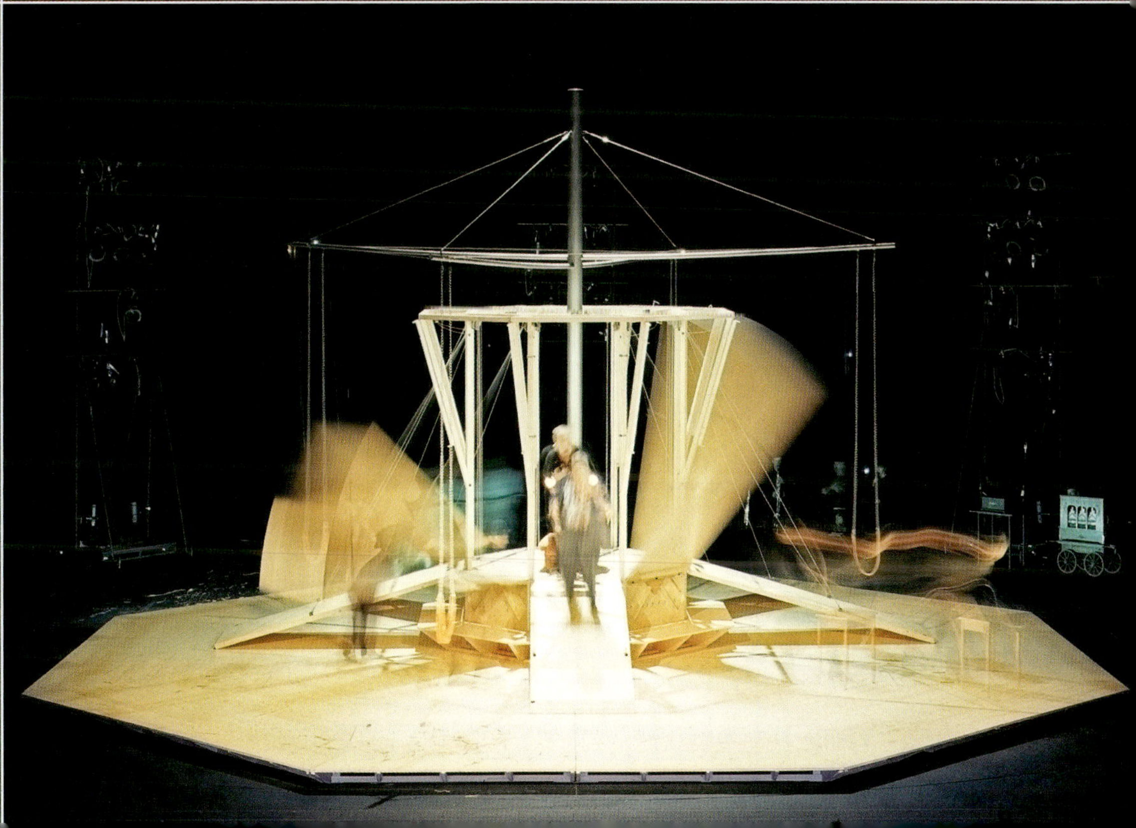

AARS!

VON PETER VERHELST UND LUK PERCEVAL

DIANE BELMANS | EAVESDROPPER | KATRIEN MEGANCK | WIM OPBROUCK | STEFAN PERCEVAL

REGIE: LUK PERCEVAL | BÜHNE: KATRIN BRACK | KOSTÜME: ILSE VANDENBUSSCHE | MUSIK: EAVESDROPPER | LICHT: ENRICO BAGNOLI, LUK PERCEVAL, MARK VAN DENESSE | DRAMATURGIE: KURT MELENS | TECHNISCHE LEITUNG: ILJA VANDEWATERINGE | BÜHNENBILDASSISTENZ: ANNE HABERMAN

2000 EINE KOPRODUKTION DES HOLLAND FESTIVAL, AMSTERDAM, MIT DEM HET TONEELHUIS, ANTWERPEN

TEN OORLOG

VON TOM LANOYE UND LUK PERCEVAL NACH DEN ROSENKRIEGEN VON WILLIAM SHAKESPEARE

JAKOB BEKS | DAVID BUSSCHOTS | JAN DECLEIR | REINHILDE DECLEIR | VIC DE WACHTER | ELS DOTTERMANS | JOHAN HELDENBERGH | WIM OPBROUCK | KYOKO SCHOLIERS | PETER SEYNAEVE | ELS INGEBORG SMITS | LUCAS VAN DEN EYNDE | KOEN VAN KAAM | ARIANE VAN VLIET | MICHIEL VANDERSANDE
REGIE: LUK PERCEVAL | BÜHNE: KATRIN BRACK | KOSTÜME: ILSE VANDENBUSSCHE | MUSIK: FRED VAN HOVE | LICHT: ENRICO BAGNOLI | TECHNISCHE LEITUNG: ROB VAN ERTVELDE
1997 KUNSTENCENTRUM VOORUIT, GENT | EINE PRODUKTION DER BLAUWE MAANDAG COMPAGNIE

SCHLACHTEN!

VON TOM LANOYE UND LUK PERCEVAL NACH SHAKESPEARES ROSENKRIEGEN

WOLF BACHOFNER | JYTTE-MERLE BÖHRNSEN | MARION BRECKWOLDT | ANDREAS BURGSTALLER | HALUKA CHIMOTO | ANNA DUHM | RENÉ DUMONT | GUNDI ELLERT | BERND GRAWERT | ANDREAS GROTHGAR | MAX HOPP | NINA KUNZENDORF | OLIVER MASUCCI | WOLFGANG PREGLER | ROLAND RENNER | THOMAS THIEME | ODA THORMEYER
REGIE: LUK PERCEVAL | BÜHNE: KATRIN BRACK | KOSTÜME: ILSE VANDENBUSSCHE | MUSIK: FRED VAN HOVE | LICHT: ENRICO BAGNOLI | DRAMATURGIE: H. VAN DAM, L. JOOSTEN, W. SCHULZ | TECHNISCHE LEITUNG: EBERHARD BOTHE | BÜHNENBILDASSISTENZ: SANDRA KÖNIG
1999 EINE KOPRODUKTION DER SALZBURGER FESTSPIELE MIT DEM SCHAUSPIELHAUS HAMBURG

DIMITER GOTSCHEFF
WARME LÖCHER

Liebe Katrin! Sehr lange schon möchte ich Dir eine Geschichte erzählen und ich versuche es jetzt, sie loszuwerden.

Die Geschichte habe ich vor Jahren von Heiner Müller gehört und er hat sie seinerseits von Kapuczinski erzählt bekommen. Das ist dieser rastlose und großartige polnische Journalist, der jahrzehntelang über die Brennpunkte dieser Welt berichtet hat, über grausame politische und andere Katastrophen.

Wieder einmal unterwegs auf unserer Erdkugel, kommt Kapuczinski nach Sibirien, wird gastfreundlich in einem warmen Haus geborgen. Am frühen Morgen steht er auf und geht auf die Veranda. Die Wirtin ist schon da und weist auf die sibirische Weite. „Sieh, sieh", sagt sie, „da geht unser Lehrer." Der polnische Journalist guckt in die Ferne, sieht aber weder einen Lehrer noch einen Menschen. „Na, weg ist er, ist schon verschwunden, du hast ihn verpasst", sagt die Frau.

Die Kälte, liebe Katrin, an diesem Morgen, na, wie soll man sie beschreiben ... sie war einfach sibirisch. Nur die eigene Wärme, der menschliche Körper strahlt – und bildet für einen Wimpernschlag von Augenblick seine Kontur in der gefrorenen Luft. Wie eine Zeichnung, die schnell entschwindet. Es bildet sich so etwas wie ein warmes Loch und an seinen Rändern erkennt man, wer da in der Kälte gelaufen ist.

Warum ich Dir das erzähle? Ich komme auf Deine Wärme und die warmen Löcher, die Du schaffst. Keine sibirischen, dafür aber echt Katrin-Brackische! Deine Kontur ist einzigartig und unverkennbar. Sie bohrt sich tief in Gehirn und Gedärme ein. Die Löcher, die Du schaffst, locken und ziehen an, auch ohne sibirische Kälte.

Die Räume, die Du dichtest, ergreifen, umarmen und verschlingen einen. Aber man verschwindet nicht darin, im Gegenteil. Wie unter einer Lupe wird das Ganze vergrößert, das Überflüssige verschwindet, was bleibt ist die Substanz.

In der Arbeit mit Dir erfahre ich oft, dass der Text sich wohl fühlt in Deinen Räumen. So etwas wie glückliche Schwerelosigkeit oder wie ein gut geborgenes Embryo im Uterus ... und es singt.

Außer Deiner Radikalität und Poesie haben Deine Raumlöcher etwas wundervoll Erotisches. Du förderst und öffnest die ganze kriminelle Energie der Schauspieler, ohne Netz springen sie lustvoll und entfalten ihre grenzenlose und dreckige Phantasie. Du schaffst den Raum für das dionysische Gemetzel-Gelächter, was Voraussetzung für die Entstehung der substantiellen Stille ist: Da wo die Wahrheit aufscheint.

Jetzt folgt der Epilog. Ich, das finstere Balkansubjekt, mache Dir ein Geständnis: Außer Dankbarkeit empfind ich Glück, dass es Dich gibt!

LUK PERCEVAL
ZERSTÖRUNG DER ILLUSION

Avignon, Juli 1989. Ein Kongress für europäische Regisseure, organisiert von der UNESCO. Ich war eingeladen, sah an einem Abend die Premierenvorstellung von Heiner Müllers „Der Auftrag", Regie Matthias Langhoff. Und ich sah ein bemerkenswertes Bühnenbild. Ein Bühnenbild, das durch seine Widerspenstigkeit, seine Persönlichkeit stärker war als die Schauspieler: ein alter Hotellift, der nicht funktionierte, eine Treppe, die so schmal und gewunden war, dass die Akteure ihr Leben riskierten. Die Bühnenbildnerin war Katrin Brack. Nach einigen Umwegen kam ich an ihre Adresse. Ich schrieb ihr einen Brief, nicht einmal auf eine Antwort hoffend - denn weshalb sollte eine erfolgreiche Bühnenbildnerin, die an der Seite eines solchen Monuments wie Matthias Langhoff arbeitet, auf den Brief eines unbekannten belgischen Regisseurs reagieren? Warum sollte überhaupt jemand interessiert sein, in einem fremden Land zu arbeiten, in dem entschieden viel weniger Mittel zur Verfügung stehen, als man das vom Langhoffschen Theater in Lausanne gewohnt war?

Ich bekam Antwort. Sie schrieb mir, dass sie mich kennenlernen wolle und dass sie in der kommenden Woche nach Brüssel reisen würde. Ich solle sie am Flughafen abholen und sie daran erkennen, dass sie einen „Spiegel" in der Hand habe. Am bewussten Tag liefen nun einige Leute mit einem „Spiegel" unterm Arm durch die Brüsseler Ankunftshalle. Aber ich erkannte sie sofort. Sie lachte überschwänglich - etwas, das sie bis heute tut, wenn wir uns nach einiger Zeit wiedersehen. Wir sprangen in ein Taxi, fuhren ins Brüsseler Zentrum, tranken Kaffee im „Falstaff" gegenüber der Börse. Ich erzählte ihr über meine Arbeit und weshalb ich unbedingt mit ihr arbeiten wolle. Sie lauschte - ein bisschen misstrauisch zunächst - sagte dann aber zu meiner großen Überraschung zu. Das war er, der Beginn einer langen und intensiven Zusammenarbeit.

Nicht nur der Zufall, dass wir beide im Sternbild Zwilling geboren sind, schweißt uns über die Jahre zusammen. Was uns vor allem verbindet, ist die Abkehr vom Theater, oder sagen wir: dem Theater-Theater und dem BühnenbildBühnenbild. All die Jahre sind wir kontinuierlich auf der Suche gewesen nach einem Weg, das Theater zu sprengen - keiner von uns beiden hatte Lust, beim mainstream mitzumachen. Als wir uns zum ersten Mal trafen, war Katrin an dem Punkt, an dem sie keine situative, illustrative, überhaupt: keine dekorative Bühne mehr entwerfen wollte. Und ich wollte weg von den intellektuellen Klischees über Figuren, Moral, Gesellschaft, Politik und so weiter. Beide wollten wir ein Theater, das kein Theater mehr sein wollte. Ein Theater, das vielmehr durch die bildende Kunst inspiriert war, das eine Erfahrung zustande bringen sollte. Kein „schönes Erlebnis", sondern ein Theater, das Verstörung, Verwirrung, Schmerz und Katharsis verursacht. Wir wollten Theater mit Eiern, ohne Kinkerlitzchen und ohne Ballast. Ein Theater, das so deutungsleer war, dass es gefüllt werden konnte mit Zuschauern und Schauspielern und deren Fantasie. Ein Theater, das der Zeit, so wie sie ist und den Menschen, so wie sie sind, Raum gibt. Kein Besserwisser-Theater.

Während des langen Weges, der dann folgte, ist mir eine seltsame Symbiose aufgefallen. Die ersten zehn Jahre haben wir ausschließlich in Flandern und den Niederlanden gearbeitet, wobei im Vergleich zu deutschen Budgets die finanziellen Mittel hier deutlich bescheidener sind. Noch dazu mussten wir Kulissen bauen, die reisen konnten, denn jede Produktion musste ihre Kosten einspielen mit Tourneevorstellungen von Antwerpen bis Amsterdam. Katrin war deshalb darauf beschränkt ein Bühnenbild zu bauen, das in einen LKW passte. Und ich meine: ein LKW - ein zweiter wäre unbezahlbar gewesen. Die typische flämische Einschränkung zwang Katrin also zu einem minimalistischen Stil, der für eine deutsche Bühnenbildnerin vollkommen ungewohnt war. Von der ersten barocken Vorstellung von „Wilde Lea" über „Schlachten!", „Aars", „King of Pain" bis zu „Macbeth" wurden Katrins Räume leerer und leerer: eine Spielfläche, eine Wasserfläche, ein Baum, ein leeres ungeschmücktes Theater. Die Wirklichkeit, die Katrin mit ihren Räumen zeigte, hatte Auswirkungen auf die Wahl meiner Schauspieler. Mit Thomas Thieme etwa waren viele Schauspieler und Zuschauer gezwungen, sich mit jener Wirklichkeit konfrontieren zu lassen. Die Wirklichkeit: Sie wurde unsere Ideologie.

In Katrins Räumen hat der Schauspieler, die Schauspielerin keine Tür, hinter der er oder sie sich verstecken kann. In Katrins Räumen ist jedes Requisit hinfällig. Hier wird der Spieler gezwungen, seine eigene imaginäre Welt zu kreieren, und wird so zum Spiegel des Menschen: nach Halt suchend, an seine höchstpersönliche Illusion glaubend, in seiner selbstgemachten Zwangsjacke steckend. Kurzum: am Leben, um zu überleben. Häufig hat das zu Konfrontationen mit den Schauspielern geführt, die auf der Bühne irgendeine Sicherheit gesucht haben, zumindest ein Requisit. Aber auch, und noch viel mehr, haben Katrins Räume die Augen geöffnet für eine nicht-illusionistische Dimension. Ihre no-Nonsens-Ästhetik zwingt die Schauspieler und die Zuschauer, in „die Leere" zu blicken. Die Projektionsfläche unserer selbstgezimmerten Illusionen, die wir wie unser tägliches Brot benötigen, um die Wirklichkeit überhaupt zu ertragen: Ausgerechnet Katrins Verweigerung jener Illusion macht die Wirklichkeit erfahrbar. Ein Ziel, das wir uns vor zwanzig Jahren gesteckt haben: nicht der „Spiegel" der Wirklichkeit, sondern die Wirklichkeit selbst in ihrer unentrinnbaren Leere zu zeigen. Die Konfrontation mit und die Akzeptanz von eben dieser Leere führt zur Demut - oder nennen wir es Katharsis? -, welche die Basis des rituellen klassischen Theaters bildet. Eine Basis, die bis heute den tieferen Sinn des Theaters eröffnet, die Akzeptanz der Wirklichkeit als solche.

Um diesen Punkt zu erreichen, hat Katrin Brack in all den Jahren stetig reduziert, bis gerade mal ein Element übrig geblieben ist. Ein Objekt, das wie in einem Museum aus seinem Kontext gerückt ist und auf eine spezielle Art den abwesenden Kontext urplötzlich „anwesend" macht.

Es ist eine fantastische Erfahrung für einen Regisseur, mit einer Bühnenbildnerin zusammen alt zu werden. (Übersetzung Katrin Schuhmacher)

WOLFRAM KOCH
GORILLAS IM NEBEL

Was hat Katrin sich jetzt wieder ausgedacht? Diese Frage stelle ich mir immer vor der ersten Probe eines neuen Stückes, für das sie die Bühne macht. Erklärungen gibt sie kaum oder keine. Gut so.

Ihre Bühnenbilder sind Lufträume. Luft in Konserven, Luft verpackt - die verweht, rieselt und schäumt.

Ein Raum von Katrin Brack ist ein zusätzlicher Schauspielkollege, den so keiner auf dem Besetzungszettel hatte – unberechenbar, störrisch, hält sich nicht an Verabredungen, macht einen wütend. Man muss ihn so nehmen wie er ist, nicht zwingen, dann spielt er mit.

Die Proben mit ihm sind anfangs schwierig. Man stockt, fühlt sich verloren, flucht. Aber irgendwann fängt man an zu spielen und fühlt sich in Katrins Kunstwerken frei, völlig frei … Dann huste und stolpere ich durch Nebelwände, jage Ballons hinterher, steige vollständig in einen hinein, entdecke die Vielfalt von Konfetti …

„Gorillas im Nebel", „Das Schaukelstück", „Konfettis über Afrika", „LSD-Ballons". Das sind meine Stücktitel.

THOMAS THIEME
BRACK ARBEITET

Katrin Brack ist eine strenge Frau. Sie ist Bühnenbildnerin, eigentlich ist sie Bühnenarchitektin. Ihre Architekturen, die manchmal selbst auf den 2. Blick nichts mit der Geschichte zu tun haben, die der Theatertext erzählt, könnten gut ohne den Theatertext leben. Ich habe oft dagesessen und auf ihre Bühnen geschaut und mich ganz verloren, in diesen Momenten entsteht eine Geschichte, die da spielt; sie kann ganz anders sein, als die, die im Buch steht.

Katrin Brack stellt ihren Raum hin. Ist der Regisseur schlau, lässt er ihn, wie er ist und stellt seine Geschichte hinein. Ist der Regisseur stark, schickt er die Schauspieler in den Kampf mit den Bäumen, Büschen, Schneehaufen, Girlanden, leeren Flächen. Dann wird man sehen, ob bei Reibung wirklich Hitze entsteht. Ich habe bis heute nicht wirklich verstanden, was ein Bühnenbild sein soll. Alles, was es nicht sein soll, entwirft Katrin Brack. Kein Milieu, kein Bildkommentar, keine lauwarme Atmosphäre; aber auch keine künstliche Kalte. Kein Tabu beim Material. Ich habe immer in ihren Bühnen als Schauspieler gearbeitet; einmal war ich selbst der Regisseur. Ich war sprachlos über so viel nonverbale Professionalität. Alle reden, Brack arbeitet. Dann steht ihr Entwurf da; ich sitze wieder davor, ganz verloren. Der erste Impuls – wie bei dem „Lear"-Baum, den Büschen des „Handlungsreisenden", den zwei „Othello"-Flügeln – ist: leer lassen: vielleicht ein Lied da singen, mehr nicht.

Katrin Brack ist keine Partnerin der distanzlosen Theaterwärme, kein Kumpel, Katrin Brack ist streng, womöglich auch zu sich selbst.

ALMUT ZILCHER
SCHAUMGEBOREN

In Katrins Bühnen-Landschaften zu spielen, ist für Schauspieler einfach ein Glücksfall!

Den Kampf mit ihren Materien, ihren Naturkunstgewalten nimmt man lustvoll auf, das ist nicht nur Kampf – so ungläubig und perplex man zuerst davorsteht, dann drinnen steht in diesen Konfettisturzbächen und -kanonaden, Nebelfronten-Schwaden, Schaumapokalypsen-Kaskaden, die Materie nimmt dich mit, treibt dich an, verwandelt dich, macht dich unsichtbar, sichtbar, nackt, sie entblößt dich, verbirgt dich, begräbt, lässt dich verschwinden, vergehen, macht dich schutzlos, einsam, vereinzelt … ohgottohgott Katrin, alles so schön leer hier ... „Afrika endlich", der Raum, so leer, so voll, der Raum, er macht dich leer, er füllt dich an, Leerlauf, Stille, die Leere anfüllen, ausfüllen, abfüllen, füllen ... f ü h l e n ... „Wie heißen denn diese Blumen?" Du hörst Zikadengesänge, wütest gegen riesige Insektenschwärme, watest im Müll, im Schmutz, im Dreck, taumelst im Rausch, im Überfluss ... „Heute Abend gibt es ein Feuerwerk." Ohhh, dieser Überfluss, sind wir überflüssige Menschen? ... Ahhhh, diese Langeweile, ich kriege keine Luft hier, alles so grau, grau, verschleiert, kein Leben, und draußen die Musik ... „Gehen Sie in die Innenräume." ... schnipp schnapp ... du kannst in ihnen glitschen, schliddern, rutschen, gleiten, abgleiten, abtauchen, ertrinken, fühlst dich schaumgeboren, reitest auf Schaumkronen, feierst Schaumhochzeit, denkst an Sahnetorten ... Katrin, ist das alles für mich hier? Ich esse so gern ... Raum für Schauspielerschaumschläger: du kannst ersticken, abkotzen, erfrieren, verwesen, erstarren, vereisen, du schwebst auf Wolken, tanzt, tanzt, im Hochnebel, in Schaumfontänen, im Konfettiregen, tauchst aus dem Nichts ins Nichts, so leicht, so leicht, du bist süchtig, du bist melancholisch ... du feierst in ihren Räumen das LEBEN!

SAMUEL FINZI
KATRIN LACHT

Gern und laut. Einmal angefangen, kann sie oft nicht mehr aufhören. Je länger sie lacht, umso nuancenreicher wird ihr Lachen. Gleichzeitig wächst auch ihre Verlegenheit darüber, dass sie nicht aufhören kann. Wenn das Licht im Zuschauerraum angehen würde, könnte man sehen, dass sie sogar dabei errötet. Aber sie lacht weiter.

Ich beginne innerlich mitzulachen. Nur laut darf ich dabei nicht werden – ich stehe auf der Bühne und bin mitten in einer Szene. Würde ich auflachen, würde das Spiel unterbrochen. Und das will ich auf keinen Fall. Ich will diese Laute aus dem dunklen Zuschauerraum weiter hören. Ich will weiter das Gefühl haben, Katrin gefällt es, sie findet meine Versuche komisch und freut sich darüber, dass ihre neue Erfindung funktioniert.

Sie hat wieder ein Hindernis auf unserem Spielplatz aufgestellt. Ein Hindernis, das, von uns Spielenden, immer ungewöhnliche Lösungen fordert, um es zu überwinden. Ein Hindernis, das uns oft dazu bringt eine kindliche Phantasie zu entwickeln und uns von den strengen Regeln der Dramaturgie und des Raums befreit.

Wir kämpfen gegen Schlamm, Nebel, Konfetti, Schaum, Luftballons, Schaukeln ... Und wir kämpfen solange, bis wir diese Hindernisse überlisten, sie zähmen, uns mit ihnen anfreunden und beginnen das Spiel mit ihnen zu bestimmen. Diese Kämpfe sind nicht einfach. Genauso wie es nicht einfach ist, einem vollendeten Gedicht eine neue Zeile hinzuzufügen. Doch Katrins luftige Bühnenpoeme öffnen den Schauspielern genug Raum für ihre eigene Dichtung. Diese als Bühnenbilder getarnten poetischen Metaphern entwickeln während der Proben ihre spezielle Organik und werden zu körperlich spürbaren, eigensinnigen und unentbehrlichen Mitspielern.

Bald stehe ich wieder vor einem dieser Mitspieler. Das freut mich sehr. Und ich hoffe Katrin lacht weiter.

KLAUS ZEHELEIN
BANAL, ABER ...

Liebe Katrin, erst, wenn etwas problematisch geworden ist, beginnen wir Fragen zu stellen; erst, wenn die drei Wände auf die Bühne gestellt und die Auftritte und Abgänge geklärt sind. An der Düsseldorfer Kunstakademie begannen wir mit einem Gespräch über Ausstattung, ein Begriff, der die Arbeit am Bühnenbild und Kostüm auf der Ebene eines Herrenausstatters als Dienst am Kunden zu verhandeln sucht. Totzukriegen ist er bis heute nicht, das weißt Du selbst, die als „maximale Minimalistin", als „Puristin" oder auch als Künstlerin des „Environment" dabei noch gut davonkommt.

Dennoch ist es banal, Dein Pulver gleich zu Beginn zu verschießen, um dann Deine Arbeit als mehr oder weniger erledigt zu erklären. Aber: Nach diesem Urknall spielt jetzt alles unter einem anderen Himmel und seine Überreste materialisieren fahle Erinnerungen als vage Fall-Stricke.

Dennoch ist es banal, es über Stunden schneien zu lassen – ein, wenn auch technisch brillant ausgearbeiteter, Einfall. Aber: Die Unaufhörlichkeit des Schneefalls materialisiert das kalte Vergehen der Zeit, unter der die Bewegung der Passion erstarren wird.

Dennoch ist es banal, einen Raum die ganze Zeit hindurch zu vernebeln. Aber: Die tastende Suche, das Verschwinden und Auftauchen, das Verhüllen und Enthüllen, die Einsamkeit und die Zufälligkeit sind materialisiert in diesem ungreifbaren Raum.

ROBIN DETJE
DAS UNIVERSUM IST EIN ATOM IM DAUMENNAGEL EINES RIESEN

UND IN DEN BÜHNENBILDERN DER KATRIN BRACK IST ALLES IMMER AUCH NICHTS

1 | Wenn der Vorhang aufgeht, ist alles schon da. Natürlich geht heutzutage nicht einmal mehr ein Vorhang auf, also ist alles nicht nur schon da, es ist auch immer schon da gewesen.

Das, was da ist, ist wenig und bedeutet viel. Eine Batterie bunter Schlafsäcke auf einer Schräge. Eine Nebelwolke, die eine leere Bühne verhüllt und die Schauspieler verschluckt. Regen, der sie durchnässt. Buntes Konfetti in der Luft. Schaum, der aus dem Bühnenhimmel schwappt. Nie „links ein Sofa, rechts ein gemütlicher Sessel vor einem Fenster zum Garten". Nie wird ein Text möbliert. Und nie wird ein Text negiert, übermalt, symbolisiert. Was wir sehen, ist ein einziger, in beinahe autistischem Eigensinn aus einem Text herauskristallisierter Gedanke, der zuerst ganz klein gedacht und dann weit ausgebreitet wird, in großer Schönheit, die auch wie Hässlichkeit aussehen darf. Eine einzige klare Geste, ein einziger klarer Vorgang – was die Bühnenbildnerin Katrin Brack hinstellt oder hineinwehen und herabregnen lässt, ist eigentlich der Traum eines Schauspielers. So nimmt man von einer Rolle, einem Text Besitz.

Die Bühnenbilder von Katrin Brack führen uns einen Denkvorgang vor. Im Bühnenbildgewerbe ist Katrin Brack die Philosophin. Sie sei kein Profi, sagt sie oft. Sie ist eine Handwerkerin, die das Handwerkerische verachtet und zu einem Gedanken schockfrostet, an dem dann nicht mehr gerüttelt werden darf.

Und wenn der Vorhang sich (naturgemäß) nicht schließt, ist alles noch da. Verändert, wie von der Schöpferin vorgesehen, aber der Gedanke steht noch immer wie eine Eins. Das verleiht der ganzen Sache einen gewissen Ewigkeitswert und dem Schöpferstatus der Gedankenbildnerin Brack eine gewisse göttinnengleiche Schwere. Erstaunlich bei einer Künstlerin, die so gerne mit Luft, Wasser und Nebel agiert.

2 | Eine Herkunft hätte Katrin Brack lieber nicht. Das heißt: Sie will nicht, dass man ihr Werk aus ihrer Biographie ableitet. Ihre Setzungen haben keine Herkunft.

In ihrem Bühnenbild zu „Kampf des Negers und der Hunde" ist sie also der tausendsiebenhundertdreiundzwanzigste Konfettifetzen auf dem Weg von oben rechts nach unten links. Katrin Brack ist das einzige Kind einer Windhose im Bermudadreieck, in dessen totem Auge sie aufwuchs. Sie ernährte sich von vorbeikommenden Flugzeugen und Schiffen. Als ihre Mutterhose einschlief, wurde sie sanft auf einem Schiff abgesetzt, welches sie nicht auffraß, sondern von dem sie sich nach Belgien bringen ließ. Katrin Brack ist das Kind eines Eskimopaares, das kurz nach ihrer Geburt auf einer Eisscholle abgetrieben wurde. Sie wurde von Pinguinen aufgezogen, die ihr aber auf Dauer zu laut waren.

3 | Die Handwerkerin, die Künstlerin hat sich als Philosophin verkleidet. Philosophie ist auch immer Theater: ein Teil Ernst und ein Teil Virtuosentum

und Taschenspielerei. In Terry Eagletons klugem, aber auch lustigem neuen Buch über den „Sinn des Lebens"* mit seinem kleinen Abriss der Philosophiegeschichte taucht ziemlich schnell das auf, was der Autor „die wohl grundlegendste Frage, die man überhaupt stellen kann", nennt: „Warum gibt es überhaupt etwas und nicht nichts?" Eagleton zitiert Wittgenstein: „Nicht wie die Welt ist, ist das Mystische, sondern dass sie ist."

Bei dieser Art Frage ist die Frage schon alles. Sie ist eine höhere Jahrmarktsbude. Wenn man sie einmal verstanden hat, fällt einem nicht mehr viel dazu ein. Wenn man versucht, sich auf sie einzulassen, wird man von ihr verschluckt und entkommt dem jahrtausendealten Gezänk nicht mehr, wird von Pontius zu Pilatus geschickt, von Gott zu Darwin, wird belagert von Vereinen, die wollen, dass man bei ihnen Mitglied wird.

Jedes Bühnenbild von Katrin Brack will so eine letzte Frage stellen, und den meisten gelingt es. Der Anspruch ist nicht nur erstaunlich, er ist offenbar auch das Ergebnis von störrischem Vermeidungsverhalten, von Handwerksverweigerung, die so sehr auf die Spitze getrieben wird, bis aller Druck sich in den berühmten einen Gedankenblitz entlädt.

Es schreibt sich nicht leicht über Katrin Brack. Wenn man eines ihrer großen Bühnenbilder gesehen hat, gibt es eigentlich nichts mehr zu sagen. Viel mehr als Staunen erlaubt die Künstlerin nicht. Die Unangreifbarkeit, die verhindern soll, dass Katrin Bracks Arbeit mit dem Instrumentarium des bürokratischen deutschen Theaterbetriebs der Sinn abgefragt wird, macht, dass einem die Worte fehlen. Diese Bühnenbilder entziehen sich den Nachstellungen der Dummheit. Eine Unverschämtheit eigentlich, so zum Schweigen gebracht zu werden! Katrin Brack ist eine kleinere Gottheit, so viel ist klar. Götter haben schon immer genervt.

Eagleton weiß in seinem Buch zum Glück auch keine Antwort. Das Buch ist dünn und funktioniert wie ein Bühnenbild von Katrin Brack: Es ist hochkonzentriert und übervoll zugleich, es zieht sich ganz klein zusammen und breitet sich gleichzeitig überallhin aus. Und es ist voller kluger Sätze über die Bühnenbilder von Katrin Brack, wenn auch nur zufällig. Der schönste lautet:

„Oder vielleicht ist das Universum auch nur ein Atom im Daumennagel eines Riesen."

4 | Die Mutter aller Setzungen ist Don Quijote. Sein System besteht aus Behauptungen, deren Schönheit in dem Maße wächst, wie er auf ihrer Gültigkeit beharrt. Zuerst hält man ihn für einen Idioten. Dann weiß man nicht mehr, was man denken soll. Dann hält man ihn für einen Gott (und Götter können nerven). Ich bin ein Ritter! (Cervantes/Quijote) Diese Windmühlen sind Riesen! (Cervantes/Quijote) Das Königreich Popo besteht aus knallbunten Daunenschlafsäcken, aus denen sich Menschen in Feinrippunterhemden schälen, die gähnen! (Brack/Gotscheff)

Der Wahn bleibt derselbe, jede künstlerische Setzung funktioniert nach dem Modell des Mannes von der Mancha. Jede künstlerische Schöpfung, die auf sich hält, will eine eigene Welt behaupten, die sich zur wirklichen Welt erst in Bezug setzt, indem sie behauptet, völlig anders zu sein. Jede Kunsthandlung ist eine paradoxe Intervention: Nähe wird erst durch geradezu hysterische Abgrenzung hergestellt. Indem man Anerkennung für das völlige Anderssein einfordert, bittet man um Kommunion. Nur weil die Setzungen von Katrin Brack so mutig und dreist sind, sieht man ihnen diesen notwendigen Wahn besonders deutlich an. Mit allem unerhörten ritterlichen Wagemut, der dazugehört, wenn man diese Setzungen und sich selber behaupten will, wenn man sie und sich selber behaupten muss, was leider unvermeidlich ist, denn man bekommt ja nichts geschenkt.

5 | Katrin Bracks Setzungen sind bei aller Originalität, bei aller Schönheit durch Strenge übrigens auch ein höchst ökonomisches Verfahren. Hervorragend geeignet für eine Spätphase der bürgerlichen Theaterästhetik, in der die Rollen aller an der Kunstproduktion Beteiligten so weit ausdifferenziert sind, dass man sich nicht mehr die Mühe machen muss, die Grenzen jedes Mal neu auszukämpfen. Es herrscht postdramatische Arbeitsteilung. Alle lehnen sich entspannt zurück und tun das Ihre. Regie, Ausstattung und Darsteller schieben ihre Setzungen auf die Bühne und genießen entspannt die Stärken ihrer Gestaltungspartner. So lässt sich leben, und so wird das Vorzeigetheater dabei ein paar Zentimeter weiter in Richtung Installation verschoben, in Richtung Kunstgalerie, wo der reine Gestus des mimesisfreien Vorzeigens schon lange genügt.

Und damit Vorhang. So scheinbar unvermittelt, wie es sich für eine Betrachtung über eine so scheinbar unvermittelt schöpfende Künstlerin geziemt.

Oder eben das andere: kein Vorhang. Ewige Setzung. Punkt.

* Terry Eagleton: „Der Sinn des Lebens"; Ullstein Verlag, Berlin 2008

... nichts mehr zu sehen, kein Baum, kein Horizont, nur Schnee aus dem himmlischen Schnürboden unaufhörlich im leisen Fall... ich mitten in meiner Landwiese in einem Bühnenbild von Kathrin... Stille... nur in der Ferne das wunderbare Lachen von K. ...

KARL-ERNST HERRMANN

DIMITER GOTSCHEFF
WARM HOLES

I have wanted to tell you a story for quite some time now and here I will try to get it down on paper. I heard this story years ago from Heiner Müller and he heard it from Kapuczinski. He's that restless, fantastic Polish journalist who reported for decades from crisis regions around the world about brutal political events and other catastrophes.

On yet another trip around the globe, Kapuczinski arrives in Siberia and is welcomed hospitably into a warm house. Early the next morning, he gets up and goes onto the veranda. His hostess is already there and points into the Siberian vastness. "Look, look," she says, "there goes our teacher." The Polish journalist looks into the distance but cannot see a teacher or any other person. "Well, he's gone now, disappeared. You missed him," says the woman.

The cold, dear Katrin, on that morning was - well, how can I put it? It was just Siberian. The only warmth radiated from a person's body, making his contours visible for the blink of an eye in the frozen air, like a drawing that quickly vanishes. A kind of warm hole that is formed. Around the edges, you can recognise who was out there walking in the cold. Why am I telling you this? I'm talking about your warmth and the warm holes that you create. Not Siberian ones but real, Katrin Brackian ones! Your contours are unique and unmistakable. They leave a distinct impression on the brain and guts. The holes you create are alluring and magnetic without the Siberian cold.

The spaces that you compose seize, embrace and devour. But people do not disappear in them: on the contrary. Like under a magnifying glass, the superfluous disappears and what is left is the substance. When working with you, I often sense that the text feels at home in your spaces. Something like a contented lightness or a snug embryo in the uterus, singing.

Aside from your radicality and poetry, your spaceholes have something wonderfully erotic. You nurture and lay bare all the actors' criminal energy; they jump sensually without a safety net and unfold their boundless, dirty fantasies. You create space for the Dionysian carnage-cackling that is necessary to make a substantial silence, where truth shines through.

And now the epilogue. I, a sombre subject of the Balkans, confess to you that aside from gratitude, I am very happy that you exist!

LUK PERCEVAL
DESTRUCTION OF ILLUSION

Avignon, July 1989: a congress for European directors organised by UNESCO. I was invited and in the evening I watched the premiere of Heiner Müller's play "The Mission", directed by Matthias Langhoff. And there I saw a remarkable stage set. A remarkable stage set with a rebelliousness and personality that was stronger than the actors: an old hotel lift that didn't work, a staircase that was so narrow and winding that the actors risked their lives.

The set designer was Katrin Brack. I managed to get her address and wrote her a letter, not even hoping for a reply. Why, after all, should a successful set designer, working alongside a monolith like Matthias

Langhoff, react to a letter from an unknown Belgian director? Why should anyone at all accustomed to the Langhoff theatre in Lausanne want to work in a foreign country with significantly less funding?

I got an answer. She wrote that she would like to get to know me and that she would travel to Brussels the following week. I should pick her up from the airport and I would recognise her by the "Spiegel" that she would be carrying in her hand. On the day in question, there were quite a few people running through Brussels arrival hall with a "Spiegel" under their arm. But I recognised her immediately. She laughed exuberantly, something she still does when we see each other after a long absence. We took a taxi to the centre of Brussels and drank coffee in the "Falstaff" opposite the stock exchange. I told her about my work and why I simply had to work with her. She listened – rather distrustfully at first – and then to my great surprise, she accepted. That was it, the beginning of a long and intensive collaboration. Not just the coincidence that we are both Gemini has bonded us together over the years. Our greatest bond is turning our backs on theatre, or rather, The Theatre and Stage Design. All these years, we have been continually looking for a way to break with theatre; neither of us wanted to join the mainstream. When we met for the first time, Katrin had reached a point where she didn't want to make a situative, illustrative or just decorative stage ever again. And I wanted to get away from the intellectual clichés of characters, morals, society, politics and so on. We both wanted a theatre that was no theatre but instead a theatre that was inspired by visual arts and that brought about an experience: not a "beautiful" experience but a destructive, confusing, painful and cathartic one. We wanted a theatre with "balls", with no fancy frills and no ballast. A theatre that was so devoid of meaning that it could be filled with an audience and actors, and their imaginations. A theatre that gave space to time as it is and people as they are. Not a "know-it-all" theatre. During the long journey that followed, I noticed a strange symbiosis. For the first ten years, we only worked in Flanders and the Netherlands where financial means are much sparser compared to German budgets. On top of this, we had to build scenery that could travel because every production had to recoup its costs by going on tour from Antwerp to Amsterdam. So Katrin was limited to building a stage set that fitted in a truck. And by that, I mean one (1) truck. A second truck was not affordable. The typical Flemish restrictions forced Katrin to use a minimalist style that was very unusual for a German set designer. From the first, baroque performance of "Wild Lea" to "Battles!", "Aars", "L. King of Pain" and "Macbeth", Katrin's spaces became emptier and emptier: a playing area, a water area, a tree, an empty, austere stage. The reality that Katrin illustrated with her spaces had an effect on my choice of actors. With Thomas Thieme, for example, many actors and audience members were forced to confront that reality. Reality: it became our ideology.

In Katrin's spaces, the actor and actress have no door to hide behind. In Katrin's spaces, every prop is invalid. Here, the actor is forced to create his own imaginary world and in doing so becomes a mirror of human beings – searching for stability, believing in his/her highly personal illusion, thrust into his/her homemade straitjacket, in short: living to survive. This has often led to confrontations with actors who have looked for some kind of security on stage, at least a prop. But also, much more importantly, Katrin's spaces have opened up people's eyes to a non-illusionist dimension. Her no-nonsense aesthetics force the actors and the audience to look into "the void", the projection of our DIY illusions, which we need as much as our daily bread in order to endure reality at all: precisely Katrin's rejection of any kind of illusion whatsoever makes reality come alive. An aim that we set ourselves twenty years ago was not to mirror reality but to show reality itself in all its inescapable emptiness. The confrontation with and the acceptance of this emptiness lead to humility - or do we call it catharsis? - the fundament of traditional, classical theatre. A basis that still reveals the deeper meaning of theatre is the acceptance of reality as such.

To reach this point, Katrin Brack has reduced continually over the years until only one element is left: an object that has been removed from its context, like in a museum, making the absent context quite suddenly "present" in a special way.

It is a fantastic experience for a director to grow old with a set designer.

WOLFRAM KOCH
GORILLAS IN THE MIST

What has Katrin thought up this time? I always ask myself this question before the first rehearsal of a new play where she has designed the stage. She hardly gives any explanations, or none at all. That's good.

Her stage designs are pockets of air: canned air, packaged air that drifts away, floats down and foams. A space by Katrin Brack is like having another actor on stage, one that wasn't on the cast list - unpredictable, stubborn, doesn't stick to arrangements, makes you angry. You have to take him as he is, not force him, and then he cooperates.

The rehearsals are difficult at the beginning. You falter, feel lost, flee. But at some point, you start acting and feel free in Katrin's works of art, totally free ... then I cough and stumble through walls of fog, chase balloons, completely climb into one, discover the mass of confetti ...

"Gorillas in the Mist", "The Swing Play", "Confetti over Africa", "LSD Balloons". These are my titles of your plays.

THOMAS THIEME
BRACK AT WORK

Katrin Brack is a strict woman. She is a stage designer but in fact, she's a stage architect. Her architecture, which sometimes even on a second glance has nothing to do with the story in the theatre script, could well exist without the script. I have often sat there and looked at her sets and lost myself completely; in these moments, a story comes alive that takes place there and it can be quite different from the one in the book.

Katrin Brack puts up her set. If the director is clever, he leaves it as it is and puts his story inside. If the director is strong, he sends the actors into battle with the trees, bushes, heaps of snow, garlands of tinsel and empty spaces. Then it remains to be seen if friction really causes heat. Up until today, I haven't really understood what a stage set is supposed to be. Everything it shouldn't be is created by Katrin Brack. No milieu, no pictorial interpretation, no lukewarm atmosphere – but no artificial coldness either. No taboos in material.

I have always worked as an actor on her stages; once I was the director. I was left speechless by her non-verbal professionalism. Everyone talks, Brack works. Then her design stands there; I sit in front of it again, quite lost. My first impulse, such as with the tree in "Lear", the bushes in "Death of a Salesman", the two concert pianos in "Othello", is: leave it empty – sing a song in it maybe, that's all.

Katrin Brack is not a member of the cosy theatre club, not a buddy. Katrin Brack is strict, possibly with herself too.

ALMUT ZILCHER
RISEN FROM THE FOAM

To act in Katrin's stage-landscapes is just sheer pleasure for an actor!

In the fight with her materials, you take on her Nature-Art colossi with relish. It's not all fight –, no matter how incredulous and confused you are when you first stand in front of them, then in them, these confetti deluges and bombardments, frontier mist-swathes, apocalyptic foam cascades. The material carries you along, drives you forward, transforms you, makes you invisible, visible, naked; it strips you, hides you, buries you, makes you disappear, vanish, makes you vulnerable, lonely, isolated, ohGodohGod Katrin, everything is so beautiful and empty here … "Africa at last," the space, so empty, so full, the space, it makes you empty, it fills you up, ticking, silence, fill the emptiness, fill out, intoxicate, fill up … f e e l … "What are these flowers called?" You hear grasshoppers singing, you run amok against swarms of insects, wade through rubbish, in grime, in dirt, lurch intoxicated, excess … "This evening there are fireworks." Ohhh, all this excess, are we in excess? … Ahhh, this boredom, I can't breathe any more, everything's so grey, grey, veiled, no life, and outside the music … "Go into the interior space." Snip, snap … you can glide in it, skate, slide, coast, slip off, dive down, drown, be born in foam, ride on crests of foam, celebrate a foam wedding, think of cream cakes … Katrin, is all this for me? I love eating … space for actor's foam fights: you can suffocate, spit it all out, freeze, rot, stiffen, travel, you can float on clouds, dance, dance, in the high mist, in foam fountains, in confetti rain, appear from nowhere into nowhere, so easily, so easily, you are addicted, you are melancholy … you celebrate LIFE in these spaces!

SAMUEL FINZI
KATRIN LAUGHS

Katrin laughs. Readily and loudly. Once she starts, she often can't stop. The longer she laughs, the richer the nuances in her laughter become. At the same time, her embarrassment grows at not being able to stop. If a light was turned on in the audience, you would even see her blushing. But she carries on laughing.

I start laughing with her inwardly. But I can't laugh out loud as I'm standing on the stage and I'm right in the middle of a scene. If I laugh aloud, the acting will be interrupted. And I simply don't want to do that. I want to carry on hearing those sounds from the darkened audience. I want to have the feeling that Katrin likes it and finds my attempts funny, and is happy that her new invention works.

She has set up another obstacle on our playground; an obstacle that challenges us actors to come up with unusual solutions to overcome it. An obstacle that often requires us to develop our imagination in a childlike way and frees us from the strict rules of dramaturgy and space.

We fight mud, mist, confetti, foam, balloons, swings ... and we fight for as long as it takes to outwit these obstacles, tame them, befriend then and begin to define how to act with them. These battles are not easy, just as it's not easy to add a new line to a finished poem. But Katrin's airy stage poems leave the actors enough room for their own poetry. These poetic metaphors disguised as stage sets develop a special organic quality during rehearsal and become physically tangible, wayward and essential actors.

I will soon be standing in front of one of these actors again. I am very glad. And I hope that Katrin will carry on laughing.

KLAUS ZEHELEIN
BANAL, YET ...

Dear Katrin, only when things started to get difficult did we start asking questions, only when the three walls were set up on the stage and the entrances and exits were planned. At the Düsseldorf Academy of Art, we began a conversation about Ausstattung (scenography): it's a term in German that puts the work of stage design and costumes on the level of gentleman's outfitters trying to negotiate in customer service. It hasn't been possible to kill it off even to this day, as you well know, you, who gets off lightly as a "maximal minimalist", "purist" or artist of the "environment".

It is banal to fire all your gunpowder at the very beginning, then declare your work as more or less done. Yet after this Big Bang, everything takes place beneath a different sky and the remains expose faded memories as obscure snares.

It is banal to have snow fall for hours – one idea, albeit developed with technical brilliance. Yet incessant snowfall emerges as the cold passing of time under which the movement of passion will freeze.

It is brutal to fill a room with mist the entire time. Yet gropingly searching, disappearing and appearing, veiling and unveiling, loneliness and coincidence emerge in this intangible space.

ROBIN DETJE
THE UNIVERSE IS AN ATOM IN THE THUMBNAIL OF A GIANT

AND IN KATRIN BRACK'S STAGE SETS, EVERYTHING IS ALWAYS NOTHING TOO

1 | When the curtain goes up, everything is already there. Of course, nowadays, not even a curtain goes up anymore, so everything is not just already there but it's also always been there. What's left is little and means a lot: a plain of colourful sleeping bags on a slope. Mist that shrouds the empty stage in a cloud and swallows up the actors. Rain that soaks them. Colourful confetti in the air. Foam that slops from the flyloft.

Never "left: a sofa, right: a comfy armchair in front of a window facing the garden." A text is never furnished. And a text is never cancelled out, painted over or symbolised. What we see is a single, almost autistically stubborn thought, extracted from a text firstly as a very small thought and then expanded in such beauty that it may even appear ugly. One single clear gesture, one single clear process: everything that the set designer Katrin Brack sets up, floats around or rains down is in fact an actor's dream. This way, the actor can take possession of a role or text.

Katrin Brack's stage sets show us a mental process. In the business of building sets, Katrin Brack is a philosopher. She is not a professional, she often says. She is a craftswoman who disdains craftsmanship and shock-freezes it to a thought that may no longer be rattled.

And, naturally, if the curtain doesn't go down, everything is still there, transformed, as its creator intended, but the thought still remains. This lends a certain eternal value to the whole thing and gives a certain goddess-like weight to the Maker status of thought-designer Brack, which is astonishing for an artist who plays so fondly with air, water and mist.

2 | Katrin Brack would prefer not to have origins. This means she doesn't want her work to be derived from her biography. Her stage sets have no roots. In her stage set for "Black Battles with Dogs", she is therefore the one thousand, seven hundred and twenty-third snippet of confetti falling from the top right to bottom left. Katrin Brack is the only child born to a tornado in the Bermuda Triangle in whose blind spot she grew up. She fed on passing airplanes and ships. When her tornado mother fell asleep, she was gently set upon a ship, which she didn't devour but which brought her to Belgium. Katrin Brack is the child of an Eskimo couple and, shortly after her birth, was set adrift on an ice floe. She was brought up by penguins who proved too noisy for her in the long run.

3 | The craftswoman, the artist has disguised herself as a philosopher. Philosophy is always part of theatre too: one part earnestness and one part virtuosity and sleight of hand. In Terry Eagleton's clever but humorous book, "The Meaning of Life"* with its brief outline of the history of philosophy, what the author refers to as "perhaps the most fundamental question that you can possibly ask" comes up near the beginning: "Why is

there anything at all and not nothing?" Eagleton quotes Wittgenstein: "Not how the world is is the mystical, but that it is."

With this kind of question, the question is everything. It is a higher form of fairground trick. Once you've understood it, there's nothing left to add. If you try to engage in it, you are swallowed up and can no longer escape century-old squabbles, you're sent from Pontius to Pilate, from God to Darwin, and are besieged by organisations who want you to become their member.

Every stage set by Katrin Brack wants to pose a final question like this and most of them succeed. The challenge is not only astonishing but also apparently the result of a stubborn avoidance tactic, a refusal of craftsmanship that is brought to such a head that all the pressure discharges itself in the famous flash of thought.

It is not easy to write about Katrin Brack. Once you have seen one of her greater stage sets, there is actually nothing left to say. The artist does not allow much more than astonishment. The invulnerability that is supposed to protect Katrin Brack's work from being interrogated for meaning by the instruments of the bureaucratic German theatre business leaves you at a loss for words. These stage sets evade stalking stupidity. It is in fact an effrontery to be silenced in this way! Katrin Brack is a minor goddess – that much is clear. Goddesses have always been annoying.

Eagleton thankfully doesn't have the answer in his book either. It is a slim volume and functions in the same way as a stage set by Katrin Brack: it is highly concentrated and full to the brim at the same time. It can draw itself in very tightly and spread itself out simultaneously. And it is full of clever sentences on the set designer Katrin Brack, even if this is just a coincidence. The best one is: "Or the universe might be an atom in the thumbnail of some cosmic giant."

4 | The mother of all assertions is Don Quixote. His system consists of assertions whose beauty grows in equal measure to his insistence that they are true. First, you think he is an idiot. Then you don't know what you should think any more. Then you think he's a God (and Gods can be annoying).

I am a knight! (Cervantes/Quixote) These windmills are giants! (Cervantes/Quixote) The kingdom of Popo is made up of brightly coloured down sleeping bags that peel back to reveal people in fine rib underwear, yawning! (Brack/Gotscheff)

The madness is the same; every artistic assertion works along the lines of the man from La Mancha. Every self-respecting artistic creation insists on its own world, and starts to relate to the real world only by insisting that it is completely different. Every artistic act is a paradox intervention: proximity is only created by an almost hysterical demarcation. In demanding recognition of total otherness, you are asking for communion. Only because Katrin Brack's assertions are so courageous and brazen is it possible to see their compulsory madness so clearly – with all the outrageous, quixotic audacity that goes along with wanting to assert (also yourself) … if it is necessary to do so at all, which unfortunately cannot be avoided, as nothing comes for free.

5 | Katrin Brack's assertions, for all their originality and austere beauty, are incidentally a highly eco-

nomic operation. They are ideally suited to a late phase of bourgeois theatre aesthetics because they fine-tune the roles of all art production parties so exactly that no one has to go to the trouble of fighting to redefine the boundaries all the time. A postdramatic division of work governs. Everyone leans back casually and does his job. The director, scenery and costume designer and actors move their assertions across the stage and enjoy the strengths of their compositional partners at leisure. That's the way to live, and it brings showcase theatre a few centimetres closer to installation, or an art gallery, where the pure gesture of a mimesis-free showcase is already more than enough.
And now: curtain. As seemingly abrupt as befits a musing on such a seemingly abrupt, creative artist. Or alternatively: no curtain. Endless assertions. Period.

* Terry Eagleton: "The Meaning of Life", Oxford University Press 2007

KATRIN BRACK
VITA

Katrin Brack wurde 1958 in Hamburg geboren. Sie studierte von 1978 bis 1984 in der Bühnenbildklasse von Karl Kneidl an der Staatlichen Kunstakademie Düsseldorf. Nach dem Studium ging sie an das Schauspielhaus Bochum unter der Intendanz von Claus Peymann und wurde dort Assistentin von Karl-Ernst Herrmann.

Ihre ersten eigenen Arbeiten entwarf Katrin Brack für Inszenierungen von Alfred Kirchner und Matthias Langhoff. Seit 1989 arbeitet sie kontinuierlich und äußerst erfolgreich mit dem belgischen Regisseur Luk Perceval zusammen - zunächst in Belgien mit Percevals Blauwe Maandag Companie, und nach dessen gefeierter Inszenierung von „Schlachten!" vermehrt in Deutschland. Seither entwarf sie an Theaterhäusern wie den Münchner Kammerspielen, der Berliner Schaubühne am Lehniner Platz oder dem Schauspiel Hannover die Bühnenräume für Percevals „Traum im Herbst", „L. King of Pain", „Othello", „Lulu live", „Tod eines Handlungsreisenden" oder „MOLIERE". Eine ebenso konstante wie wechselseitig prägende Zusammenarbeit verbindet Katrin Brack mit dem Regisseur Dimiter Gotscheff, für dessen Inszenierungen von „Kampf des Negers und der Hunde", „Iwanow", „Das große Fressen", „Der Selbstmörder", Ubukoenig", „Tartuffe" oder „Leonce und Lena" sie an der Volksbühne am Rosa-Luxemburg-Platz in Berlin und am Hamburger Thalia Theater unverwechselbare Räume schuf. Viele der Arbeiten mit Perceval und Gotscheff wurden prämiert oder zu Festivals im In- und Ausland beziehungsweise zum Theatertreffen der deutschsprachigen Bühnen in Berlin eingeladen.

Darüber hinaus arbeitete Katrin Brack mit Regisseuren wie Joachim Schlömer („Massacre"), Laurent Chétouane („Iphigenie auf Tauris"), mit Armin Petras („Prinz Friedrich von Homburg"), mit Angela Richter („Der Fall Esra") oder mit Perceval-Protagonist Thomas Thieme („BÜCHNER/LEIPZIG/REVOLTE").

Dreimal wurde sie bei der Kritiker-Umfrage der Zeitschrift „Theater Heute" zur Bühnenbildnerin des Jahres gewählt: 2004 für „Kampf des Negers und der Hunde", 2005 für „Iwanow" und 2006 für „Tartuffe". Für ihren Bühnenraum zu „Iwanow" erhielt sie 2005 außerdem den „Faust Theaterpreis" und für „MOLIERE" 2007 den Nestroy Theaterpreis.

Seit Dezember 2009 ist Katrin Brack Professorin für Bühnenbild und Kostüm an der Akademie der Bildenden Künste München. Sie lebt in Wien.

KATRIN BRACK
VITA

Katrin Brack was born in Hamburg in 1958. She studied stage design from 1978 to 1984 in Karl Kneidl's class at the Staatliche Kunstakademie in Düsseldorf. After her studies, she worked for the Schauspielhaus Bochum under the direction of Claus Peymann and was an assistant to Karl-Ernst Herrmann.

Her first independent pieces of work were created for performances by Alfred Kirchner and Matthias Langhoff. Since 1989, she has worked continually and extremely successfully with the Belgian director Luk Perceval, at first in Belgium with Perceval's Blauwe Maandag Company and increasingly in Germany following his acclaimed production "Battles!" Since then, she has designed sets at theatres such as the Munich Kammerspielen, the Berlin Schaubühne am Lehniner Platz or the Schauspiel Hannover including Perceval's "Dream of Autumn", "L. King of Pain", "Othello", "Lulu live", "Death of a Salesman" and "MOLIERE". An equally constant and reciprocal collaboration exists between Katrin Brack and the director Dimiter Gotscheff: she created distinctive sets for his productions "Black Battles with Dogs", "Ivanov", "Blow-Out", "The Suicide", "Ubukoenig", "Tartuffe" and "Leonce and Lena" at the Volksbühne am Rosa-Luxemburg-Platz in Berlin and at the Thalia Theater in Hamburg. Many of the plays with Perceval and Gotscheff were premiered or invited to national and international theatre festivals and/or the Theatertreffen in Berlin.

Besides this, Katrin Brack has worked with directors such as Joachim Schlömer ("Massacre"), Laurent Chétouane ("Iphigenia in Tauris"), Armin Petras ("Prince Friedrich of Homburg"), Angela Richter ("The Esra Case") or with the Perceval actor Thomas Thieme ("BÜCHNER/LEIPZIG/REVOLTS"). She was voted Stage Designer of the Year three times by a critics' poll in the journal Theater heute: in 2004 for "Black Battles With Dogs", 2005 for "Ivanov" and in 2006 for "Tartuffe". She also received the Faust Theatre Prize for her set design in "Ivanov" in 2005 and the Nestroy Theatre Prize for "MOLIERE" in 2007.

Since december 2009, Katrin Brack has taken up a professorship for stage design and costume at |the Academy of Visual Arts in Munich. She lives in Vienna.

WERKVERZEICHNIS/ LIST OF WORKS

2010 KRANKENZIMMER NR. 6
VON ANTON TSCHECHOW
REGIE: DIMITER GOTSCHEFF
DEUTSCHES THEATER, BERLIN

2009 BÜCHNER/LEIPZIG/ REVOLTE
NACH GEORG BÜCHNER
REGIE: THOMAS THIEME
CENTRALTHEATER, LEIPZIG

2009 DER FALL ESRA REZEPTIONSDRAMA EINES ROMANS
REGIE: ANGELA RICHTER
KAMPNAGEL, HAMBURG

2008 ANATOL
VON ARTHUR SCHNITZLER
REGIE: LUK PERCEVAL
SCHAUBÜHNE AM LEHNINER PLATZ, BERLIN

2008 LEONCE UND LENA
NACH GEORG BÜCHNER IN EINER FASSUNG VON DIMITER GOTSCHEFF
REGIE: DIMITER GOTSCHEFF
THALIA THEATER, HAMBURG

2008 UBUKOENIG
NACH ALFRED JARRY
REGIE: DIMITER GOTSCHEFF
VOLKSBÜHNE AM ROSA-LUXEMBURG-PLATZ, BERLIN

2007 MOLIERE
VON FERIDUN ZAIMOGLU, GÜNTHER SENKEL UND LUK PERCEVAL
REGIE: LUK PERCEVAL
EINE KOPRODUKTION DER SALZBURGER FESTSPIELE MIT DER SCHAUBÜHNE AM LEHNINER PLATZ, BERLIN

„NESTROY THEATERPREIS" FÜR DIE BESTE AUSSTATTUNG

2007 DER SELBSTMÖRDER
VON NIKOLAJ ERDMAN
REGIE: DIMITER GOTSCHEFF
VOLKSBÜHNE AM ROSA-LUXEMBURG-PLATZ, BERLIN

2006/07 PRINZ FRIEDRICH VON HOMBURG
VON HEINRICH VON KLEIST
REGIE: ARMIN PETRAS
EINE KOPRODUKTION DES SCHAUSPIELFRANKFURT MIT DEM MAXIM GORKI THEATER, BERLIN

2006 TOD EINES HANDLUNGS-REISENDEN
VON ARTHUR MILLER
REGIE: LUK PERCEVAL
SCHAUBÜHNE AM LEHNINER PLATZ, BERLIN

2006 DER TARTUFFE
NACH MOLIÈRE
REGIE: DIMITER GOTSCHEFF
EINE KOPRODUKTION DER SALZBURGER FESTSPIELE MIT DEM THALIA THEATER, HAMBURG

BÜHNENBILDNERIN DES JAHRES („THEATER HEUTE")

2006 DAS GROSSE FRESSEN
VON MARCO FERRERI, RAFAEL AZCONA, FRANCIS BLANCHE
REGIE: DIMITER GOTSCHEFF
VOLKSBÜHNE AM ROSA-LUXEMBURG-PLATZ, BERLIN

2005 IPHIGENIE AUF TAURIS
VON JOHANN WOLFGANG GOETHE
REGIE: LAURENT CHÉTOUANE
MÜNCHNER KAMMERSPIELE

2005 LULU LIVE
NACH FRANK WEDEKIND IN EINER BEARBEITUNG VON

FERIDUN ZAIMOGLU UND
GÜNTER SENKEL
REGIE: LUK PERCEVAL
MÜNCHNER KAMMERSPIELE

2005 IWANOW
VON ANTON TSCHECHOW
REGIE: DIMITER GOTSCHEFF
VOLKSBÜHNE AM ROSA-LU-
XEMBURG-PLATZ, BERLIN

BÜHNENBILDNERIN DES
JAHRES („THEATER HEUTE")

„DER FAUST" THEATERPREIS
IN DER KATEGORIE BÜHNE

2004 DOOD VAN EEN
HANDELSREIZIGER
VON ARTHUR MILLER
REGIE: LUK PERCEVAL
HET TONEELHUIS, ANTWERPEN

2004 DIE FRAU VON FRÜHER
VON ROLAND SCHIMMEL-
PFENNIG
REGIE: STEPHAN MÜLLER
AKADEMIETHEATER, WIEN

2004 MACBETH
NACH WILLIAM SHAKESPEARE
VON GERARDJAN RIJNDERS
REGIE: LUK PERCEVAL
HET TONEELHUIS, ANTWERPEN

2004 SALOME
NACH OSCAR WILDE
NACHDICHTUNG VON GER-
HARD RÜHM
REGIE: DIMITER GOTSCHEFF
AKADEMIETHEATER, WIEN

2003 KAMPF DES NEGERS UND
DER HUNDE
VON BERNARD-MARIE KOLTÈS
REGIE: DIMITER GOTSCHEFF
VOLKSBÜHNE AM ROSA-LU-
XEMBURG-PLATZ, BERLIN

BÜHNENBILDNERIN DES
JAHRES („THEATER HEUTE")

2003 MASSACRE
VON WOLFGANG MITTERER
NACH CHRISTOPHER MARLOWE
LIBRETTO VON STEPHAN MÜLLER
UND WOLFGANG MITTERER
REGIE: JOACHIM SCHLÖMER
WIENER FESTWOCHEN IN ZU-
SAMMENARBEIT MIT DER
WIENER TASCHENOPER

2003 OTHELLO
NACH WILLIAM SHAKESPEARE
IN EINER BEARBEITUNG VON
FERIDUN ZAIMOGLU UND GÜN-
TER SENKEL
REGIE: LUK PERCEVAL
MÜNCHNER KAMMERSPIELE

2003 DIE SUNSHINE BOYS
VON NEIL SIMON
REGIE: GERT VOSS, IGNAZ
KIRCHNER
AKADEMIETHEATER, WIEN

2002 L'ORFEO
VON CLAUDIO MONTEVERDI
REGIE: JOACHIM SCHLÖMER
STAATSOPER STUTTGART

2002 L. KING OF PAIN
PETER PERCEVAL, KLAUS REI-
CHERT, LUK PERCEVAL NACH
WILLIAM SHAKESPEARES
KING LEAR
REGIE: LUK PERCEVAL
STADSSCHOUWBURG BRUGGE
EINE KOPRODUKTION VON HET
TONEELHUIS, ANTWERPEN,
SCHAUSPIELHAUS ZÜRICH
UND SCHAUSPIELHANNOVER

2002 DER LEUTNANT VON
INISHMORE
VON MARTIN MCDONAGH
REGIE: DIMITER GOTSCHEFF
AKADEMIETHEATER, WIEN

2001 TRAUM IM HERBST
VON JON FOSSE
REGIE: LUK PERCEVAL
MÜNCHNER KAMMER-
SPIELE

2001 DER ZERRISSENE
VON JOHANN NESTROY
REGIE: GEORG SCHMIDTLEITNER
BURGTHEATER, WIEN

2001 DER KIRSCHGARTEN
VON ANTON TSCHECHOW
REGIE: LUK PERCEVAL
SCHAUSPIELHANNOVER

2000 AARS!
VON PETER VERHELST & LUK PERCEVAL
REGIE: LUK PERCEVAL
EINE KOPRODUKTION DES HOLLAND FESTIVAL, AMSTERDAM MIT DEM HET TONEELHUIS, ANTWERPEN

2000 DIE ZOFEN
VON JEAN GENET
REGIE: URSULA VOSS, IGNAZ KIRCHNER, GERT VOSS
AKADEMIETHEATER, WIEN

1999 SCHLACHTEN!
VON TOM LANOYE & LUK PERCEVAL NACH DEN ROSENKRIEGEN VON WILLIAM SHAKESPEARE
REGIE: LUK PERCEVAL
EINE KOPRODUKTION DER SALZBURGER FESTSPIELE UND DEM DEUTSCHEN SCHAUSPIELHAUS, HAMBURG

1998 FRANCISKA
VON FRANK WEDEKIND
REGIE: LUK PERCEVAL
HET TONEELHUIS, ANTWERPEN

1998 VOOR HET PENSIOEN
VON THOMAS BERNHARD
REGIE: LUK PERCEVAL
KUNSTENCENTRUM VOORUIT, GENT

1997 TEN OORLOG
VON TOM LANOYE & LUK PERCEVAL NACH DEN ROSENKRIEGEN VON WILLIAM SHAKESPEARE
REGIE: LUK PERCEVAL
KUNSTENCENTRUM VOORUIT, GENT

1996 VINNY
VON KLAUS POHL
REGIE: PETER WITTENBERG
AKADEMIETHEATER, WIEN

1995 DER DIENER ZWEIER HERREN
VON CARLO GOLDONI
REGIE: PETER WITTENBERG
NATIONALTHEATER MANNHEIM

1995 IVANOV *
VON ANTON TSCHECHOW
REGIE: HARTMUT WICKERT
SCHAUSPIELHANNOVER

1994 O'NEILL
VON LARS NORÉN
REGIE: LUK PERCEVAL
BLAUWE MAANDAG COMPANIE IM KUNSTENCENTRUM VOORUIT, GENT

1993 KATZELMACHER
VON RAINER WERNER FASSBINDER
REGIE: PETER WITTENBERG
NATIONALTHEATER MANNHEIM

1993 ALL FOR LOVE
VON BENNO BARNARD NACH JOHN DRYDEN
REGIE: LUK PERCEVAL
BLAUWE MAANDAG COMPANIE IM KUNSTENCENTRUM VOORUIT, GENT

1993 KASPAR
VON PETER HANDKE
REGIE: MATTHIAS GEHRT
DEUTSCHES NATIONALTHEATER WEIMAR

1992 LA LEA SAUVAGE
VON LUK PERCEVAL
REGIE: LUK PERCEVAL
BLAUWE MAANDAG COMPANIE IM KUNSTENCENTRUM VOORUIT, GENT

1992 LEONCE UND LENA
VON GEORG BÜCHNER
REGIE: MATTHIAS GEHRT
STAATSSCHAUSPIEL DRESDEN

1992 DER TOD DES EMPEDOKLES
VON FRIEDRICH HÖLDERLIN
REGIE: MATTHIAS GEHRT
THEATER AACHEN/LUDWIG FORUM

1992 UBU REX *
VON ALFRED JARRY
REGIE: ROBERT HUNGER-BÜHLER
THEATER FREIBURG

1991 IVANOV
VON ANTON TSCHECHOW
REGIE: LUK PERCEVAL
HET NATIONALE TONEEL, DEN HAAG

1990 DER DEBÜTANTINNEN-BALL
VON BETH HENLEY
REGIE: K.D. SCHMIDT
STAATSTHEATER STUTTGART

1989 LA MISSION
VON HEINER MÜLLER
LE PERROQUET VERT
VON ARTHUR SCHNITZLER
REGIE: MATTHIAS LANGHOFF
EINE KOPRODUKTION DES

FESTIVAL D'AVIGNON MIT DEM THEATRE DE LA VILLE, PARIS UND DEM THEATRE DE VIDY, LAUSANNE

1988 ÖDIPUS, TYRANN *
NACH HÖLDERLIN
VON HEINER MÜLLER
REGIE: MATTHIAS LANGHOFF
BURGTHEATER, WIEN

1988 EINFACH KOMPLIZIERT
VON THOMAS BERNHARD
REGIE: ALFRED KIRCHNER
AKADEMIETHEATER, WIEN

1987 AN DER DONAU
VON HERBERT ACHTERNBUSCH
UND HEINER GOEBBELS
REGIE: ALFRED KIRCHNER
AKADEMIETHEATER, WIEN

1986 HÄUPTLING ABENDWIND
VON JOHANN NESTROY
REGIE: CHRISTOPH BENKELMANN
SCHAUSPIELHAUS BOCHUM

1985 MINNA AUF MALLORCA
VON ORTRUD BEGINNEN
REGIE: JAMES LYONS
SCHAUSPIELHAUS BOCHUM

* NUR KOSTÜME

DANK AN:
FATIH AYDOGDU | JOHANN BUGNAR | NICOLE GRONEMEYER | HARALD MÜLLER | CHRTISTIANE SCHNEIDER | UTE MÜLLER-TISCHLER | SIBYLL WAHRIG | HERTA WOLF

TEXTE UND ABBILDUNGEN SIND URHEBERRECHTLICH GESCHÜTZT. JEDE VERWERTUNG, DIE NICHT AUSDRÜCKLICH IM URHEBERRECHTS-GESETZ ZUGELASSEN IST, BEDARF DER VORHERIGEN ZUSTIMMUNG DES VERLAGES. DAS GILT INSBESONDERE FÜR VERVIELFÄLTIGUNGEN, BEARBEITUNGEN, ÜBERSETZUNGEN, MIKROVERFILMUNG UND DIE EINSPEISUNG UND VERARBEITUNG IN ELEKTRONISCHEN MEDIEN. / ALL RIGHTS RESERVED. NO PART OF THIS PUBLICATION MAY BE REPRODUCED, STORED IN A RETRIEVAL SYSTEM, OR TRANSMITTED, IN ANY FORM OR BY ANY MEANS, ELECTRONIC, MECHANICAL, PHOTOCOPIED, RECORDED OR OTHERWISE, WITHOUT THE PRIOR PERMISSION OF THE PUBLISHER. || DER VERLAG HAT SICH INTENSIV DARUM BEMÜHT, ALLE RECHTEINHABER ZU ERMITTELN. SOLLTEN RECHTEINHABER UNBERÜCKSICHTIGT GEBLIEBEN SEIN, BITTEN WIR DIESE, SICH MIT DEM VERLAG IN VERBINDUNG ZU SETZEN. / EVERY EFFORT HAS BEEN MADE TO CONTACT THE COPYRIGHT HOLDERS. ANY COPYRIGHT HOLDER WE HAVE BEEN UNABLE TO REACH OR TO WHOM INACCURATE ACKNOWLEDGMENT HAS BEEN MADE ARE INVITED TO CONTACT THE PUBLISHER. || FOTOS © ROLF ARNOLD 32-35 | THOMAS AURIN 57-59, 61-63, 75-77, 105-107, 111, 113, 125-127, 130-133, 147-150, 152 F., 208 F. | DAVID BALTZER 28 F., 48, 86 F., 108 - 110, 112, 151, 154 F. | KATRIN BRACK 65, 141 F., 144, 191, 198 F., 207, 212 F., 223 F., 226 | ARNO DECLAIR 25-27, 37-43, 51-55, 100-103 | PHILE DEPREZ 89, 195-197 | ALEXANDER PAUL ENGLERT 81-85 | ATANAS GEORGIEV 78 F. | PEZ HEJDUK 157 | MARC HOFLACK 221 | MATTHIAS HORN 45-47, 49, 66-73, 91 F., 95, 225, 227 | MAX KELLER 164 | PAUL KOENEN 215-219 | CORNELIA KRAFFT 136-137 (UNTEN) | MARCUS LIEBERENZ 60, 128 F. | LENA MÜLLER 93 F. | ANDREAS POHLMANN 115-117, 121, 163, 165 | ELENA ROTT 119 F., 122 F. | A.T. SCHAEFER 183-187, 189 F., 192 F. | WOLFGANG SCHREINER 97-99 | EMANUEL SCHULZE 31 | GEBHARD SENGMÜLLER 135, 136-137 (OBEN) | GEORG SOULEK 143, 145, 158 F. | REINHARD WERNER 138 F., 201-205, 211